Über die Herausgeberin

KATRIN ROHNSTOCK, geboren 1960 in Jena, ist Geschäftsführerin des Unternehmens Rohnstock Biografien, das sich auf das Schreiben von Autobiografien, Familien- und Firmengeschichten spezialisiert hat. Die Germanistin ist Autorin und Herausgeberin zahlreicher Publikationen, zudem gibt sie ihre Erfahrung in Seminaren weiter.

Bernd Büttner · Ernst Junghanns · Hans Müller

LPG

Zwangskollektivierung oder Zukunftsmodell?

Herausgegeben von Katrin Rohnstock

eb edition berolina

ROHNSTOCK
BIOGRAFIEN

**ROHNSTOCK
BIOGRAFIEN**

www.rohnstock-biografien.de

ISBN 978-3-95841-024-4

eb edition berolina

1. Auflage
Alexanderstraße 1
10178 Berlin
Tel. 01805/30 99 99
FAX 01805/35 35 42
(0,14 €/Min., Mobil max. 0,42 €/Min.)

www.buchredaktion.de

Inhalt

Vorwort der Herausgeberin

LPG – Zwangskollektivierung oder Zukunftsmodell? – Ja, der Buchtitel soll provozieren: »Zwangskollektivierung«, das schreit nach Unrecht und Gewalt. Die Perspektiven auf diesen historisch einmaligen Vorgang sind unterschiedlich und werden heute auch entsprechend der eigenen Besitzverhältnisse kontrovers gedeutet. Wie aber war es wirklich in der DDR?

Der Begriff »Kollektivierung« bezieht sich auf die Enteignung der Kulaken (Großbauern) in der Sowjetunion zu Beginn der 30er Jahre des 20. Jahrhunderts, die unter anderem die Enteignung des Bodens zum Ergebnis hatte. Die Gründungen der Landwirtschaftlichen Produktionsgenossenschaften (LPGs) in der DDR stellten sich grundsätzlich anders dar. Auch wenn dafür, vor allem im Westen, der Begriff der Kollektivierung als ideologischer Kampfbegriff benutzt wurde, geschah etwas völlig anderes als in der Sowjetunion. Zwar waren die LPGs Zusammenschlüsse landwirtschaftlicher Produzenten (Einzelbauern) zur gemeinsamen Nutzung und Bewirtschaftung des Bodens, dieser blieb jedoch grundsätzlich Eigentum des Genossenschaftsmitgliedes. Anders gestalteten sich die Gründungen von VEG (Volkseigene Güter). Dabei ging vor allem Junkerland direkt in staatliches Eigentum über, aber die Zahl an VEG blieb gegenüber den LPGs sehr gering.
Trotzdem verlief der Prozess des Übergangs vom einzelbäuerlichen Wirtschaften zur Genossenschaft nicht reibungslos, insbesondere für die Bauern und die Aussiedler aus den ehemaligen Ostgebieten, die im Zuge der Bodenreform gerade erst eigenen Grund und Boden erhalten hatten. Nun plötzlich sollten sie – wenn auch nicht ihr Eigentum – zumindest das Recht verlieren, allein darüber zu bestimmen. Dagegen

stand die Notwendigkeit des jungen Staates DDR, so schnell als möglich den Hunger zu beseitigen und effizient Nahrungsmittel für die eigene Bevölkerung zu produzieren. Das war nach Auffassung der Verantwortlichen nur mit Maschineneinsatz und auf großen Flächen zu erreichen.

Wie es konkret war, zeigen die drei nachfolgenden Erlebnisberichte. Ungeschminkt erzählen die hier versammelten LPG-Fachleute als Zeitzeugen aus eigenem Erleben, wie sich die Produktionsstrukturen auf dem Lande entwickelten, welche Probleme, Schwierigkeiten und Widerstände es gab und wo politische Fehler gemacht wurden. Doch was in der historischen Rückschau offensichtlich ist, war damals nicht voraussehbar. Es bedurfte eines ungeheuren historischen Lernprozesses, bevor die Menschen zur kollektiven Produktion bereit waren. Diesen Prozess nachzuvollziehen, ist die Absicht dieses Buches.

Wie sich zeigte, erwies sich keine Eigentumsstruktur der DDR als so widerstandsfähig und nachhaltig wie die Genossenschaft. Nicht zuletzt, weil die traditionelle Produktionsweise der kleinen Einzelbauern ineffizient war und alle Kräfte der Familienmitglieder kostete, besonders aber weil das gemeinschaftliche Wirtschaften betriebswirtschaftlich effizienter ist. Deshalb wollen wir mit diesem Buch zurückschauen und ohne Vorbehalte die Entwicklung resümieren: Was hat die LPG produktiv, menschenfreundlich und modern gestaltet?

Die Politik der LPG-Gründungen war ein großes, mutiges Experiment mit vielen Unbekannten. Keiner wusste genau, wie die traditionellen Bauern reagieren und wie die Neubauern – Flüchtlinge und Vertriebene – sich mit den neuen Aufgaben zurechtfinden würden. Die LPG wurde vielerorts zum zentralen Arbeitgeber im Dorf und übernahm – wie DDR-Betriebe generell – umfassend soziale Aufgaben. Sie ermöglichte ihren Mitarbeitern Weihnachtsferien, Urlaub und einen Achtstundentag, stellte Essen für Rentner und Schüler bereit, sorgte für die medizinische Betreuung und für kulturelle Angebote. Sie war der Mittelpunkt des Dorflebens. Wer heute ein Urteil über die LPG fällen möchte, muss diese sozialen und kulturellen Leistungen für das ländliche Leben mit in die Waagschale werfen.

Es ist lohnenswert, die Erfahrungen aufzuarbeiten, um sie produktiv zu machen für ein zukunftsfähiges Wirtschaften in ländlichen Regionen. Bernd Büttner, selbst ab 1960 LPG-Vorsitzender und später Betriebsleiter eines Schlachtbetriebes in Südthüringen, hat sich nach seiner Berentung jahrelang mit der Entwicklung der LPGs beschäftigt. Sein engagierter Aufsatz gab den Anlass, dieses Buch herauszugeben. Denn er reichert seine eigenen Erfahrungen und Erlebnisse mit interessanten, unbekannten Statistiken und Fakten an.

Hans Müller aus Mecklenburg hat mir im letzten Jahr seine Lebensgeschichte erzählt. Sein Sohn wollte, dass er nach einem Schlaganfall sein Leben zu Protokoll bringt – weil es wichtig ist, Erinnerungen für die Nachwelt zu bewahren. Diese Erinnerungen hat Rohnstock Biografien in ein Buch gebracht. Ein Auszug daraus wird hier erstmals veröffentlicht. Gleiches trifft für Ernst Junghanns zu. Er hat vor zehn Jahren unserem Autobiografiker Dietmar Bender seine Geschichte erzählt. Dieser hat sie – wie die Geschichte von Hans Müller – aufgeschrieben.

Wer die vollständigen Lebensgeschichten dieser beiden Erzähler kennenlernen will, kann in den Salon von Rohnstock Biografien nach Berlin kommen und sie dort lesen. Im Handel sind die Bücher nicht erhältlich.

Bernd Büttner dagegen hat seine Autobiografie selbst geschrieben, sie aber noch nicht publiziert. Der hier veröffentlichte Aufsatz ist ein stark gekürzter Auszug aus seinem Manuskript.

Die heutigen LPG-Nachfolgebetriebe sind zwar wirtschaftlich erfolgreich, aber sie haben nach der Wende 1989 die sozialen und kulturellen Funktionen abgeworfen und eine große Leere in den Dörfern hinterlassen. Darauf reagieren an einigen Orten junge Kreative und übernehmen das kulturelle Erbe. Im Mecklenburgischen Mestlin, wo Mitte der 50er Jahre das einzige sozialistische Musterdorf realisiert wurde – bestehend aus einem Ensemble von Kulturhaus, Schule, Landambulatorium, Bürgermeisterei und kleinen Geschäften –, engagiert sich seit Jahren eine Handvoll junger Leute, um das Kulturhaus zu sanieren und neu zu beleben. Inzwischen finden regelmäßig Ausstellungen, Theateraufführungen und Diskussionsrunden statt. Im Sommer kommen von Jahr zu Jahr mehr Schaulustige und Kulturinteressierte.

Solch Engagement belebt die verlassenen Dörfer und verhindert, dass sie völlig aussterben. Ökonomisch marginalisierte Regionen verlieren massiv an Einwohnern.

In Zeiten des demografischen Wandels und der Landflucht ist die Entwicklungsgeschichte der Landwirtschaftlichen Produktionsgenossenschaften deshalb nicht nur historisch interessant, sondern auch für die Zukunft. Wäre genossenschaftliche Produktion in der Landwirtschaft nicht auch heute ein gutes Mittel, um den großen Lebensmittelkonzernen nicht allein die Hoheit über unsere Nahrungsmittelproduktion zu überlassen? Die Diskussion darüber wäre sicher interessant. Einige Argumente würden sich mit denen der Diskussion vor mehr als 65 Jahren in der DDR gleichen. Auch deswegen lohnt es sich, das Nachfolgende aufmerksam zu lesen.

Wie gelang es in der DDR die Landwirtschaft zu vergenossenschaftlichen? Durch Zwang, durch Überredung, durch Überzeugung?

Wie gelang es, diese radikale betriebswirtschaftliche, soziale und kulturelle Strukturveränderung – von der Familienwirtschaft zu einem gemeinschaftlichen Wirtschaften – durchzusetzen?

Was sind die Vorteile der Genossenschaft? Was ermöglichen Kollektivstrukturen? Welchen Bedürfnissen können sie besser gerecht werden als einzeln geführte Betriebe?

Heute gibt es einen wachsenden Widerspruch zwischen der Produktionsweise von Nahrungsmitteln und den Ansprüchen der Nahrungsmittelkonsumenten. Immer mehr Menschen möchten wissen und beeinflussen können, wie ihr Essen entsteht. Sie vertrauen der Nahrungsmittelindustrie nicht mehr und entziehen sich der industriellen Ernährungsdiktatur. Eine private, global agierende und damit entregionalisierte Nahrungsgüterindustrie strebt nach Maximalgewinnen und läuft Gefahr, gesundheitliche, ökologische und ethische Kriterien zugunsten von Profiten zu ignorieren. Sie hat keinerlei Interesse daran, eine lebenswerte Umwelt für die Ansässigen, geschweige denn ein erträgliches Leben der Nutztiere zu ermöglichen.

Doch die Menschen, immer häufiger geplagt von Allergien und Nahrungsmittelunverträglichkeiten, beginnen sich zu wehren. Sie nehmen ihr Schicksal in die Hand und wandeln sich von Konsumenten zu Produzenten. Sie bauen ihr Obst und Gemüse selbst an. Die Bewirtschaftung von Kleingärten und freien Stadtflächen – genannt *urban gardening* – liegt voll im Trend. Das Autonomiebestreben gegenüber der Lebensmittelindustrie geht so weit, dass ganze Felder selbst bewirtschaftet werden. Die Genossenschaft als kollektive Produktionsform wird damit erneut interessant: Genossenschaftlich lassen sich Felder auch von Städtern bewirtschaften.

Eine Handlungsidee: Man kaufe Land – so viel wie möglich, um es der industriellen, gewinnorientierten Bebauung zu entziehen – und bewirtschafte es gemeinschaftlich mit Landwirtschafts- und Lebensmittelexperten. In der kollektiven Besitzstruktur kann Grund und Boden ökologisch nachhaltig, sozial und zugleich effektiv bewirtschaftet werden. Wie man diese kollektive Produktionsweise organisieren kann, dafür lässt sich manches von der LPG lernen. Das Gleiche gilt für die Bewirtschaftung des Waldes. Wie diese zu DDR-Zeiten strukturiert und geregelt war, auch darin lassen sich Anregungen für die Zukunft finden. Wenn Konsumenten zu Produzenten werden, erfahren sie sich selbst auf eine neue Weise. Die Möglichkeit, gemeinsam zu produzieren, schafft Gemeinschaft und Gemeinsinn. Gemeinschaftliche Produktion kann auch all denen eine sinnstiftende Tätigkeit geben, für die es innerhalb der kapitalistischen Verwertungsstrukturen keinen Platz gibt. Ihnen will ich empfehlen: »Schließt Euch zusammen, erwerbt Grund und Boden und Wald und bewirtschaftet sie gemeinschaftlich! Bewirtschaftet sie für Euren Bedarf, nach Euren Werten! So lässt sich der weitere Raubbau an der Natur eindämmen: an Wald, Grund und Boden, Luft und Wasser.«

Der amerikanische Ökonom und Wirtschaftsvisionär Jeremy Rifkin ist sicher, dass in der kollektiven Produktionsweise die Zukunft liegt. In seinem Buch *Die Null-Grenzkosten-Gesellschaft: Das Internet der Dinge, kollaboratives Gemeingut und der Rückzug des Kapitalismus* erklärt er, dass die fortschreitende Automatisierung massenhaft Werktätige freisetzen wird. Die großen industriellen Zentren zerfallen – wie es bereits im Osten Deutschlands und in Amerika passiert ist. »Damit zerfallen nicht nur die Sozialsysteme«, so Rifkin, »sondern auch der Zusammenhalt unter den Menschen – wenn wir nicht entgegensteuern.« Eine Alternative sind Zusammenschlüsse unter gemeinsamer Leitung, wenn sie sich durch ihr geringes Maß an Eigennutz-Denken auszeichnen: Teilhaben statt Besitzen, Kontakt statt Konflikt. Viele Probleme lassen sich heute nur noch lösen, wenn sie gemeinnützig gedacht und

bewältigt werden. Seien es die großen leerstehenden Indust-
rieruinen oder die riesigen Herrenhäuser in Mecklenburg, für
die sich eine privatkapitalistische Sanierung »nicht rechnet«.
Bei einer gemeinschaftlichen Sanierung und Nutzung wird
neben materiellem vor allem auch soziales Kapital geschaffen.
Die großen ökonomischen Umwälzungen, die uns die Zukunft bringen wird, sind nur durch die Selbstermächtigung
der Menschen abzufedern. Sie werden Gemeinschaften gründen, in denen – wie in der LPG – gemeinsam produziert und
füreinander gesorgt wird. Dafür ist die Genossenschaft die
adäquate Besitzform. Die Lernprozesse, die dafür notwendig
sind, sind wahrscheinlich ebenso groß, wie bei der Kollektivierung der ostdeutschen Landwirtschaft.
Die Erfahrungen aus der DDR können dabei als Anregung
und Orientierung dienen.

Berlin, im August 2015
Katrin Rohnstock

Bernd Büttner

Die andere Landwirtschaftsentwicklung im Osten Deutschlands

Der Autor Bernd Büttner, geboren am 15. Juni 1939, stammt von einem kleinen Bauernhof in Thüringen. Obwohl der landwirtschaftliche Betrieb aufgrund seiner geringen Größe wenig effizient war und die Mittel für größere Investitionen fehlten, konnte er die Familie bis 1961 ernähren. Nach Kindheit und Jugend auf dem Hof qualifizierte sich der Verfasser an einer Fachschule für Landwirtschaft im dreijährigen Direktstudium zum Staatlich geprüften Landwirt. Von 1967–1969 erwarb er an der LPG-Hochschule in Meißen den akademischen Grad eines Diplom-Agrar-Ingenieur-Ökonomen, leitete landwirtschaftliche Betriebe und später Schlacht- und Verarbeitungsbetriebe.

Er erkannte schon als junger Mensch die Ärmlichkeit und Perspektivlosigkeit seines elterlichen Betriebes. Deshalb favorisierte Bernd Büttner frühzeitig die kollektive Bewirtschaftung von Grund und Boden – durch LPGs. Er erlebte ab 1950 die Entwicklung der Landwirtschaft und später der Nahrungsgüterwirtschaft nicht nur mit, sondern gestaltete sie auch. Die vorbehaltlose und ungeschminkte Schilderung seiner Erlebnisse ist für diejenigen, die die Entwicklung der Landwirtschaft im Osten nur aus der Presse kennen, wichtig. Durch die einseitige Berichterstattung in den Medien wird die historische Wirklichkeit oft verfälscht. Insofern ist dieser Aufsatz ein aktuelles Werk über die Wahrheit der jüngsten Vergangenheit.

Die Ausgangslage

Nach dem Ende des Zweiten Weltkriegs entwickelte sich die Agrarwirtschaft in Ost- und Westdeutschland unterschiedlich. Seit der Konferenz von Jalta 1943 war klar, dass Deutschland im Falle der Niederlage in Besatzungszonen aufgeteilt würde. Bereits 1944 beauftragte die sowjetische Führung in Moskau emigrierte KPD-Mitglieder mit der Planung der landwirtschaftlichen Entwicklung in der künftigen sowjetischen Besatzungszone. Zu ihnen zählten Wilhelm Florin, Anton Ackermann, der spätere DDR-Außenminister Otto Winzer, der angehende Staats- und Parteichef Walter Ulbricht sowie der Landwirtschaftsexperte Edwin Hoernle. Auf dem Gebiet der sowjetischen Besatzungszone fand man in der Nachkriegszeit folgende Agrarstruktur:

Gruppe der Betriebe nach der Nutzfläche in ha	Betriebszählung im Gebiet der DDR %			deren Bodenbesitz %		
	1939	1946	1951	1939	1946	1951
über 0,5 bis 5,0	56,0	44,5	46,9	10,3	11,7	15,4
über 5,0 bis 20,0	33,0	47,5	46,9	30,0	49,0	55,3
über 20,0 bis 50,0	8,5	6,8	5,5	20,8	22,2	19,6
über 50,0 bis 99,0	1,4	1,0	0,6	9,2	8,1	4,7
100,0 u. mehr	1,1	0,2	0,1	29,7	9,0	5,0

n. 1946 VEG

Deutschland war nach der Reichsgründung 1871 und in den ersten 40 Jahren des 20. Jahrhunderts zu großen Teilen ein Staat der Junker und Großgrundbesitzer, wobei in Süddeutschland und Westdeutschland die kleinbäuerliche Struktur und in Nord- und Ostdeutschland (besonders im ehemaligen Pommern, in Mecklenburg und Ostpreußen) die großen Flächen der Junker überwogen. »In Mecklenburg und den zwei vorpommerschen Kreisen bestanden vor 1945

2.219 Güter mit insgesamt 899.584 ha.«[1] Das ergibt eine durchschnittliche Flächengröße pro Gut von 405,4 Hektar, also rund 400 Hektar.

Vor dem ersten Weltkrieg waren die größten Gutsbesitzer Pommerns (1910)[2]:

Deutscher Kaiser	16020 ha
Fürst zu Hohenzollern	10812 ha
Nikolaus v. Bismarck	7192 ha
Wilhelm v. Massow	6920 ha
Georg v. Köller-Cantreck	6083 ha
Martha v. Knöbel-Döberitz	6082 ha
Paul v. Somnitz	6081 ha
Karl v. Bismarck-Osten	4945 ha
Ernst Graf v. Eichstedt-Peterswaldt	4771 ha

Pläne zur Umgestaltung

»Wie gestaltet man die landwirtschaftliche Entwicklung?«, hatten sich die Vordenker der kommunistischen Ideen, Friedrich Engels und Wladimir Iljitsch Lenin gefragt. Engels fasst diese Aufgabe in dem Grundgedanken zusammen:

»… dass, wenn wir im Besitz der Staatsmacht sind, wir nicht daran denken können, die Kleinbauern gewaltsam zu expropriieren (einerlei, ob mit oder ohne Entschädigung), wie wir dies mit den Großgrundbesitzern zu tun genötigt sind. Unsere Aufgabe gegenüber dem Kleinbauern besteht zunächst darin, seinen Privatbetrieb und Privatbesitz in einen genossenschaftlichen überzuleiten, nicht mit Gewalt, sondern durch Beispiel

---

1   LHA Mecklenburg-Vorpommern (Schwerin) – Ministerium f. Land- und Forstwirtschaft – 2708, S.163.

2   Buchsteiner, Ilona: Großgrundbesitz in Pommern 1871–1914. Ökonomische, soziale und politische Transformation der Großgrundbesitzer (Habil-Schrift), Akademie Verlag, Berlin 1993.

und Darbietung von gesellschaftlicher Hilfe zu diesem Zweck.«[3] Lenin schrieb: »Der Kleinbetrieb in der Landwirtschaft ist unter dem Kapitalismus zum Untergang, zu einer unglaublich elenden, unterdrückten Lage verdammt, sagen die Marxisten. Abhängig vom Großbetrieb, rückständig im Vergleich mit dem landwirtschaftlichen Großbetrieb, hält sich der Kleinbetrieb nur durch verzweifelte Herabdrückung seiner Bedürfnisse und durch eine alle Kraft übersteigende Zwangsarbeit, Zersplitterung der menschlichen Arbeit und Raubbau an ihr, schlimmste Arten der Abhängigkeit der Produzenten, Erschöpfung der Kräfte der Bauernfamilie, des bäuerlichen Viehs, des Bauernlandes, das ist es, was der Kapitalismus stets und überall dem Bauern bringt.«[4]

Am 5. Juni 1945 übernahmen die vier Siegermächte die Regierungsgewalt in Deutschland und bildeten den allgemeinen Kontrollrat. Mit dcm Befehl Nr. 1 wurde am 9. Juni die Bildung der sowjetischen Militäradministration in Deutschland (SMAD) für die sowjetische Besatzungszone (SBZ) mit Sitz in Karlshorst verfügt.[5]

In den Ländern der SBZ wurden Militäradministrationen (SMA) eingerichtet, die wiederum der SMAD unterstellt waren. Walter Ulbricht, Anton Ackermann und Gustav Sobottka waren am 4. Juni überraschend nach Moskau gerufen worden. Dort trafen sie in den folgenden Tagen mit Wilhelm Pieck, Josef W. Stalin und Mitgliedern des Politbüros der KPdSU zusammen. Stalin hatte seine Pläne zur Umgestaltung der SBZ geändert und erklärte seine neuen Absichten. Diese betrafen unter anderem die Durchführung der Bodenreform

---

3   Engels, Friedrich: »Die Bauernfrage in Frankreich und Deutschland«. In: Marx/ Engels: Ausgewählte Schriften, Bd. II. Berlin: Dietz Verlag, 1952, S. 406f.

4   Lenin, Wladimir Iljitsch: Ausgewählte Werke in 12 Bänden, Bd. 12. russ. S.271.

5   Schröder, Klaus: Der SED-Staat. Geschichte und Struktur in der DDR. München: Bayerische Landeszentrale für Politische Bildungsarbeit, 1998, S.25ff.

sowie die sofortige Gründung und Zulassung von Parteien unter Kontrolle der Kommunisten und der SMAD.

Am 11. Juni wurde daraufhin ein Aufruf des Zentralkomitees der KPD, dessen Vorsitz Wilhelm Pieck innehatte, veröffentlicht. Darin wurde unter Punkt 7 formuliert:

»Liquidierung des Großgrundbesitzes, der großen Güter der Junker, Grafen und Fürsten und Übergabe ihres ganzen Grund und Bodens, sowie des lebenden und toten Inventars an die Provinzial- bzw. Landesverwaltungen zur Zuteilung an die durch den Krieg ruinierten und besitzlos gewordenen Bauern. Es ist selbstverständlich, dass diese Maßnahmen in keiner Weise den Grundbesitz und die Wirtschaft der Großbauern berühren werden.«[6]

Unter Großbauern verstand man Bauern, die eine Fläche von 20 bis unter 100 Hektar bewirtschafteten.

Stalin und die sowjetische Führung hatten also beschlossen, den Landadel in der SBZ als soziale Schicht zu beseitigen. Nach Flucht und Vertreibung der Eigentümer wurden von der SMA und der KPD Verwalter in den Gutsbetrieben eingesetzt. Zugleich wollte man jedoch – so wurde es in den Formulierungen des Aufrufs ausgedrückt – die mittlere Bauernschaft nicht gegen sich aufbringen. Man beschloss, die Bodenreform »von oben« in Gang zu setzen.

Vorbereitung der Bodenreform

Im Sommer begannen die Vorbereitungen der Bodenreform. Landwirtschaftliche Betriebe sollten ab der Größe von 100 Hektar enteignet werden, solche also, die nach der Statistik des Deutschen Reiches als Großgrund- und Gutsbesitz galten. Das Enteignungskonzept beinhaltete die Totalenteignung der

---

6 *Deutsche Volkszeitung* vom 15. Juni 1945.

Betriebe über 100 Hektar ohne Belassung eines Resthofes, ohne Übereignung einer Neubauernstelle und ohne Zusicherung einer späteren Entschädigung. Das individuelle Verhalten der Eigentümer unter dem Naziregime wurde dabei nicht berücksichtigt. Zwar hatten sich einige Gutsbesitzer der Nazibewegung angeschlossen, die Mehrzahl hatte jedoch Distanz gehalten. Einige hatten sich auch dem Widerstand des 20. Juli 1944 angeschlossen.[7]

Zur Frage der Einteilung bzw. der Kategorisierung landwirtschaftlicher Unternehmen wurde in Deutschland schon früh und anhaltend gestritten. »Seit der ersten landwirtschaftlichen Betriebszählung von 1882 galten in Deutschland Betriebe mit mehr als 100 ha Fläche als Großgrundbesitz. Betriebe mit 20 – 100 ha als großbäuerliche, von 5 – 20 ha als mittelbäuerliche, von 2 – 5 ha als kleinbäuerliche und solche mit weniger als 2 ha als Parzellenbetriebe.«[8] Bei den Festlegungen, die zur Grundlage der Bodenreform wurden, handelte es sich also um eine historisch entstandene, doch 1945 überholte Betriebsgrößeneinteilung. Die Diskussion um die Größe der zur Verfügung zu stellenden Flächen hielt damals lange an. Es hatte sich erwiesen, dass erst Betriebe mit einer Fläche von etwa 20 Hektar relativ stabile wirtschaftliche Familienbetriebe sein konnten.[9]

---

7   Kuntsche, Siegfried: »Bodenreform in einem Kernland des Großgrundbesitzes: Mecklenburg-Vorpommern«. In: Bauerkämper, Arnd: *»Junkerland in Bauernhand«? Durchführung, Auswirkungen und Stellenwert der Bodenreform in der Sowjetischen Besatzungszone.* Stuttgart: Franz Steiner Verlag, 1996, S.56ff.

8   Weber, Adolf: »Umgestaltung der Eigentumsverhältnisse und der Produktionsstruktur in der Landwirtschaft der DDR«. In: Enquete-Kommission *»Aufarbeitung von Geschichte und Folgen der SED-Diktatur in Deutschland«. Macht, Entscheidung, Verantwortung,* Bd. II, 4. Baden-Baden: Nomos Verlagsgesellschaft,1995, S. 2812.

9   Suckut, Siegfried: »Der Konflikt um die Bodenreformpolitik in der Ost-CDU 1945. Versuch einer Neubewertung der ersten Führungskrise der Union«. In: Deutschland Archiv 15 (1982), S.1080-1095. Außerdem: Malycha, Andreas: »Privatbäuerliche oder staatliche Landwirtschaft? Die Auseinandersetzungen über die Bodenreform zwischen SPD und KPD in der Sowjetischen Besatzungszone im Sommer/Herbst 1945«. In: Bauerkämper, a.a.O.

Es war den Initiatoren der Bodenreform klar, dass schon unter den damaligen Produktivitätsbedingungen Betriebsgrößen unter zehn Hektar unwirtschaftlich sein und über kurz oder lang in Konkurs gehen mussten. Eine Alternative dazu konnte nur der Zusammenschluss mehrerer Betriebe bilden. Die Idee der Kollektivierung in der DDR meinte, anders als in der Sowjetunion, nicht die staatliche Übernahme des Bodens, sondern die kollektive Bewirtschaftung bei Beibehaltung des Besitzstandes. Der Zwang zur »Kollektivierung«, also die Notwendigkeit der kollektiven Bewirtschaftung, war in den Modalitäten der Bodenreform von vornherein angelegt. Nur darum ging es bei der Bodenreform. Vorerst jedoch diente das KPdSU/KPD-Aufteilungsprogramm hauptsächlich dem Ziel, die Kleinbauern, Landarbeiter und Vertriebenen politisch zu gewinnen. Mit der Beseitigung der Schicht der Großagrarier verschwanden jene, die in der Agrarfrage eine politische Gegenkraft gegenüber der KPD gewesen wären.

In den Westzonen wurde eine Bodenreform in dieser Art und Weise nicht geplant. Siegfried Kuntsche erläutert: »Nach der militärischen Niederwerfung Deutschlands stellten die beiden Westmächte die Aufsiedlung der Güter wegen der gefährdeten Ernährung zurück. Möglicherweise erklärt dies, dass die Bodenreform im Potsdamer Abkommen nicht erwähnt wurde.«[10] Tatsächlich finden sich in den gesetzlichen Bestimmungen der Alliierten keine juristisch relevanten Festlegungen zur Bodenreform. Ursprüngliche Bekundungen der Westalliierten dazu blieben nur Absichtserklärungen. »Als die UdSSR Anfang September 1945 in ihrer Zone einseitig die Bodenreform durch die KPD in Gang setzen ließ, hielt die US-Regierung diesen Schritt für vom Potsdamer Abkommen gedeckt und wies an, in der Öffentlichkeit nicht den Eindruck einer distanzierenden Haltung zu erwecken, obwohl

---

10 Kuntsche, a.a.O., S.51.

man Gefahren für die Ernährung sah.«[11] So wurde gegen den Alleingang der sowjetischen Besatzungsmacht bei der Bodenreform nicht eingeschritten. In den Westzonen selbst wurden Reformansätze abgeblockt und lediglich moderate Ansiedlungsprogramme durchgeführt. Im westelbischen Gebiet herrschte allerdings auch der seit Jahrhunderten traditionell typische bäuerliche Familienbetrieb im Gegensatz zum ostelbischen Großbetrieb vor.

Durchführung der Bodenreform

Vom 3. bis 11. September erfolgte durch die jeweiligen Landesregierungen der SBZ die Verabschiedung der Bodenreformverordnungen. Diese hatten die totale, entschädigungslose Enteignung aller Betriebe über 100 Hektar samt lebendem und totem Inventar zum Inhalt. Außerdem sollten auch die Höfe vermeintlicher NS-Aktivisten, die unter 100 Hektar groß waren, enteignet werden. Die Kampagne »Junkerland in Bauernhand« begann.

Auf Grund dieser Sachlage wurden in allen Ländern der SBZ Gesetzesvorlagen über die Bodenreform verabschiedet. Im Lande Thüringen erfolgte diese Verabschiedung am 10. September 1945.

»Gesetz über die Bodenreform im Lande Thüringen vom 10. September 1945

Entsprechend den Forderungen der werktätigen Bauern Thüringens nach einer gerechten Bodenverteilung und Liquidierung des feudalen und junkerlichen Grundbesitzes sowie zum Zwecke der Landzuteilung an landlose und landarme Bauern, darunter auch an diejenigen Bauern, die aus anderen Staaten umsiedelten, beschließt die Verwaltung des Landes Thüringen folgendes Gesetz:

---

11   Kuntsche, a.a.O., S.51.

Artikel I

1. Die demokratische Bodenreform ist eine unaufschiebbare nationale, wirtschaftliche und soziale Notwendigkeit. Die Bodenreform muss die Liquidierung des feudal-junkerlichen Großgrundbesitzes gewährleisten und der Herrschaft der Junker und Großgrundbesitzer im Dorfe eine Ende bereiten, weil diese Herrschaft immer eine Bastion der Reaktion und des Faschismus in unserem Lande darstellte und eine der Hauptquellen der Aggression und der Eroberungskriege gegen andere Völker war. Durch die Bodenreform soll der jahrhundertealte Wunsch der landlosen und landarmen Bauern von der Übergabe des Großgrundbesitzes in ihre Hände erfüllt werden. Somit ist die Bodenreform die wichtigste Voraussetzung der demokratischen Umgestaltung und des wirtschaftlichen Aufstiegs unseres Landes. Der Grundbesitz soll sich in unserer deutschen Heimat auf feste, gesunde und produktive Bauernwirtschaften stützen, die Privateigentum ihres Besitzers sind.

2. Das Ziel der Bodenreform ist:

a) das Ackerland der bereits bestehenden Bauernhöfe unter 5 ha zu vergrößern;

b) neue, selbständige Bauernwirtschaften für landlose Bauern, Landarbeiter und kleine Pächter zu schaffen;

c) an Umsiedler und Flüchtlinge, die durch die räuberisch hitlerische Kriegspolitik ihr Hab und Gut verloren haben, Land zu geben;

d) zur Versorgung der Arbeiter, Angestellten und Handwerker mit Fleisch- und Milchprodukten in der Nähe der Städte Wirtschaften zu schaffen, die der Stadtverwaltung unterstehen, sowie den Arbeitern und Angestellten zum Zwecke des Gemüseanbaus kleine Grundstücke (Parzellen) zur Verfügung zu stellen;

e) die bestehenden Wirtschaften, die wissenschaftlichen Forschungsarbeiten und Experimentalzwecken bei den landwirtschaftlichen Lehranstalten sowie anderen staatlichen Erfordernissen dienen, zu erhalten und neu zu organisieren.

Artikel II

1. Zur Durchführung dieser Maßnahmen wird ein Bodenfonds aus dem Grundbesitz gebildet, der unter den Ziffern 2–4 dieses Artikels angeführt ist.

2. Folgender Grundbesitz wird mit allen darauf befindlichen Gebäuden, lebendem und totem Inventar und anderem landwirtschaftlichen Vermögen, unabhängig von der Größe der Wirtschaft, enteignet:

a) der Grundbesitz der Kriegsverbrecher und Kriegsschuldigen mit allem darauf befindlichen landwirtschaftlichen Vermögen;

b) der Grundbesitz mit allem darauf befindlichen landwirtschaftlichen Vermögen, der den Naziführern und den aktiven Verfechtern der Nazipartei und ihren Gliederungen sowie den führenden Personen des Hitlerstaates gehörte, darunter allen Personen, die in der Periode der Naziherrschaft Mitglieder der Reichsregierung, des Reichstages waren.

3. Gleichfalls wird der gesamte feudal-junkerliche Boden und Großgrundbesitz über 100 ha mit allen Bauten, lebendem und totem Inventar und anderem landwirtschaftlichen Vermögen enteignet.

4. Der dem Staat gehörende Grundbesitz wird ebenfalls in den Bodenfonds der Bodenreform einbezogen , soweit er nicht für die Zwecke verwandt wird, die unter der nachfolgenden Ziffer 5 dieses Artikels angeführt sind.

5. Folgender Grundbesitz und folgendes landwirtschaftliches Vermögen unterliegen n i c h t der Enteignung:

a) der Boden der landwirtschaftlichen und wissenschaftlichen Forschungsinstitutionen, der Versuchsanstalten und Lehranstalten;

b) der Boden, der den Stadtverwaltungen gehört und für die Produktion landwirtschaftlicher Erzeugnisse zur Versorgung der Stadtbevölkerung benötigt wird;

c) Gemeindeland und Grundbesitz der landwirtschaftlichen Genossenschaften und Schulen;

d) der Grundbesitz der Klöster, kirchlichen Institutionen, Kirchen und Bistümer.

A r t i k e l III

1. Bei der Durchführung der in Artikel II genannten Maßnahmen zur Beschlagnahme des Bodens wird als eine und dieselbe Wirtschaft angesehen:

a) Grundstücke, die ein und demselben Besitzer gehören, aber sich in verschiedenen Bezirken Deutschlands befinden;

b) das Grundstück eines Ehepaares;

c) das Grundstück von Eltern und unmündigen Kindern;

d) das Grundstück von Mitbesitzern.

Diejenigen Wirtschaften, die juristisch oder faktisch ihren Besitz nach dem 1. Juni 1945 geteilt haben, werden als eine Wirtschaft angesehen.

2. Bei der Durchführung der in Artikel II angeführten Maßnahmen ist unter der Bezeichnung »Bodenbesitz« der gesamte landwirtschaftliche Besitz, einschließlich des Herrenhofes, der Wälder, Gärten, Wiesen, Weiden, Seen, Sümpfe usw. zu verstehen.

A r t i k e l IV

1. Die Vorbereitungen zur Durchführung der Bodenreform liegen in den Händen der Kreis- und Gemeindeverwaltungen unter der Kontrolle der Verwaltung des Landes Thüringen.

2. Zur unmittelbaren Verwirklichung der Bodenreform werden bis zum 25. September 1945 folgende besonderen Organe geschaffen:

a) In den Gemeinden:

Gemeindekommissionen zur Durchführung der Bodenreform, bestehend aus fünf bis sieben Personen, die auf allgemeinen Versammlungen der Landarbeiter, landlosen Bauern und Bauern, die weniger als 5 ha Boden besitzen, und der ansässigen Umsiedler gewählt werden. Die Kommission wählt aus ihren Reihen einen Vorsitzenden. Die Zusammensetzung der Kommission wird von der Kreisverwaltung bestätigt;

b) In den Kreisen:

Kreiskommissionen zur Durchführung der Bodenreform, bestehend aus fünf Personen unter dem Vorsitz des Landrates oder seines ersten Stellvertreters. Die personelle Zusammensetzung der Kommission wird nach Eingabe der Kreisverwaltung von der Landesverwaltung bestätigt.

In den unter a und b angeführten Kommissionen werden führende Mitglieder der Nazipartei nicht zugelassen.

3. Von der Verwaltung des Landes Thüringen wird eine Landeskommission zur Durchführung der Bodenreform gebildet, die aus sieben Personen unter dem Vorsitz des 1. Vizepräsidenten der Landesverwaltung besteht: 1. Vizepräsident Ernst Busse, Weimar, Vizepräsident Dr. Georg Appell, Weimar, Vizepräsident Dr. Max Kolter, Weimar, sowie zwei Bauern und zwei Landarbeitern.

4. Die Vorbereitung der Bodenreform und ihre praktische Verwirklichung müssen in der Zeit vom September bis einschließlich Oktober 1945 durchgeführt werden, während gleichzeitig die Bergung der Ernte und die Herbstbestellung völlig gesichert werden müssen.

5. Die Gemeinde- und Kreiskommissionen zur Durchführung der Bodenreform machen bis zum 30. September 1945 eine Bestandsaufnahme desjenigen Grundbesitzes und landwirtschaftlichen Eigentums, das der Übergabe an den Bodenfonds gemäß Artikel II dieser Verordnung unterliegt.

6. Die Gemeindekommissionen zur Durchführung der Bodenreform fertigen bis zum 30. September genaue Listen der in ihrem Gebiet befindlichen Wirtschaften unter 5 ha an, in denen die Anzahl der in jeder Wirtschaft tätigen Familienmitglieder sowie das in ihr vorhandene lebende und tote Inventar vermerkt werden. Im selben Zeitraum stellen die Gemeinde- und Kreiskommissionen zur Durchführung der Bodenreform Listen der auf diesen Wirtschaften wohnenden Landarbeiter, Kleinpächter, landlosen Bauern sowie der Flüchtlinge und Umsiedler auf.

7. Die Landesverwaltung beziehungsweise Kreisverwaltungen teilen den Gemeinden bis zum 5. Oktober 1945 mit, welcher Grund und Boden laut Artikel II Ziffer 5 dieses Gesetzes nicht der Aufteilung unterliegt.

8. Die Aufteilung des Bodens ist auf Versammlungen der landarmen und landlosen Bauern des betreffenden Ortes zu beschließen, auf Vorschlag der unter Artikel IV, Ziffer 2a, angeführten Gemeindekommissionen zur Durchführung der Bodenreform. Der Beschluss der Bauern über die Aufteilung des Bodens erhält Gesetzeskraft nach der Bestätigung dieses Beschlusses durch die Kreiskommission zur Durchführung der Bodenreform.

9. Die Fläche der neu zu bildenden Wirtschaften sowie die Fläche des hinzugefügten Bodens für die landarmen Wirtschaften wird bestimmt je nach der sich im

Bezirk befindlichen Bodenmenge und des Kontingentes der Personen, die Land erhalten sollen. Der durch die Bodenreform zugeteilte Boden darf 5 ha nicht überschreiten. Bei schlechter Bodenqualität kann diese Höchstgrenze auf 8 ha erhöht werden, bei sehr schlechter Bodenqualität in Ausnahmefällen bis zu 12 ha. Jede Erhöhung der Höchstgrenze von 5 ha muss von der Kreiskommission zur Durchführung der Bodenreform bestätigt werden. Bei der Zuteilung von Boden erhalten die kinderreichen Familien bei sonst gleichen Bedingungen das Vorrecht.

10. 74 000 ha der Wälder der Großgrundbesitzer des Landes Thüringen, die laut Artikel II dieses Gesetzes zum Bodenfonds gehören, unterliegen ebenfalls der Aufteilung, und zwar 30 000 ha an die Bauern und 20 000 ha an die Gemeinden. Der übrige Teil dieser Wälder untersteht der Landesverwaltung und ist nicht aufzuteilen.

11. Teiche und kleine Wasserreservoire können den Gemeinde- und Stadtverwaltungen von der Kreiskommission zur Benutzung übergeben werden.

12. Traktoren, Dreschmaschinen, Mähdrescher und andere landwirtschaftliche Maschinen aus Wirtschaften, die nach Artikel II dieses Gesetzes beschlagnahmt werden, gehen zur Organisierung von »Ausleihstellen landwirtschaftlicher Maschinen« an die »Komitees der gegenseitigen Bauernhilfe« über. Die Ausleihstellen haben zuerst die Wirtschaften zu bedienen, die durch die Bodenreform Boden erhalten haben.

Einfaches landwirtschaftliches Gerät und Arbeitsvieh kann zum Teil zur individuellen Benutzung den bedürftigsten Bauernwirtschaften übergeben werden.

13. Kleinbetriebe zur Verarbeitung landwirtschaftlicher Produkte auf den enteigneten Gütern (Branntweinbrennereien, Stärkeverarbeitungsbetriebe, Molkereien, Mühlen, Graupenmühlen usw.) gehen zur Benutzung an die »Komitees der gegenseitigen Bauernhilfe« oder an die Kreisverwaltungen, große Betriebe gehen an das Land über.

14. Bei der Durchführung der Bodenreform wird ein Teil des Bodens zur Organisierung von Mustergütern und anderen wichtigen Zwecken bereitgestellt. Die Benennung dieser Grundstücke erfolgt durch die Landesverwaltung.

Artikel V

Wirtschaften, die durch die Bodenreform Land zugeteilt erhielten, haben für den Boden eine Summe zu entrichten, die dem Werte einer Jahresernte entspricht, das heißt 1000 bis 1500 Kilo Roggen pro ha je nach der Bodenqualität und gemäß den Ablieferungspreisen vom Herbst 1945.

Der Preis für zugeteilte Waldstücke wird entsprechend den örtlichen Nutzungsbedingungen von der Kreiskommission zur Durchführung der Bodenreform festgesetzt und soll pro ha nicht weniger als die Hälfte des Preises für den übrigen zugeteilten Boden betragen. Die Ausführungsbestimmungen hierzu erlässt die Landeskommission zur Durchführung der Bodenreform des Landes Thüringen. Die Bezahlung in Geld oder natura geschieht folgendermaßen: Der erste Beitrag

in einer Summe von 10 Prozent des Gesamtpreises ist bis Ende 1945 zu ent-
richten, die übrige Summe wird in gleichmäßigen Geld- oder Naturalbeiträgen
entrichtet; für die landarmen Bauern und Umsiedler im Laufe von 20 Jahren.
Den bisherigen landlosen Bauern, Kleinpächtern, Landarbeitern und Umsied-
lern kann von der Kreiskommission für die Bodenreform eine Stundung des
ersten Beitrages bis zu drei Jahren gewährt werden.

Artikel VI

1. Die auf Grund dieses Gesetzes geschaffenen Wirtschaften können weder ganz
noch teilweise geteilt, verpachtet oder verpfändet werden. In Ausnahmefällen
kann die Aufteilung oder Verpachtung der Wirtschaft nur auf Beschluss der
Landesverwaltung geschehen.
2. Die Wirtschaften erhalten den Boden schuldenfrei. Die Abgabeverpflichtung
für das Jahr 1945 wird von den Personen geleistet, die von dem betreffenden
Boden die Ernte einbringen.

Artikel VII

1. Technische Fragen, die im Zusammenhang mit der Durchführung der Bo-
denreform stehen, und die juristische Gestaltung der notwendigen Dokumente
werden in den Ausführungsbestimmungen bekanntgegeben.
2. Dieses Gesetz tritt am Tage seiner Verkündung in Kraft.«

Weimar, den 10. September 1945

Dr. Rudolf Paul
Ernst Busse
Dr. Georg Appell
Dr. Max Kolter

Bis zum 1. Januar 1949 wurden in der SBZ über 7.112 Güter
aus Privatbesitz mit einer über 100 Hektar großen Grundflä-
che enteignet, eine Fläche von insgesamt 2,5 Millionen Hektar. Aus Privatbesitz von Grund unter 100 Hektar wurden
4.278 Betriebe enteignet, die abermals eine Fläche von insgesamt 124.000 Hektar ergaben. Zusammen mit dem Land-
besitz des Staates, der Länder, Provinzen, Städte, Gemeinden
und den staatlichen Bodenfonds ergab dies rund 3,22 Millionen Hektar land- und forstwirtschaftlicher Fläche. Die Güter

hatten also im Gesamtdurchschnitt der SBZ eine Flächengröße von rund 350 Hektar.

In Mecklenburg gab es folgende Gesamtstatistik:[12]

verteilt an:

Landlose Bauern	38 286	368 852 ha
Landarme Bauern	10 867	41 416 ha
Umsiedler	38 892	369 443 ha
Kleinpächter	3 428	6 605 ha
Arbeiter und Angestellte	9 842	19 437 ha
Altbauern (nur Wald)	13 204	16 814 ha
Landeseigentum	214	115 000 ha
Insgesamt	**114 519**	**822 597 ha**
	Betriebe	

Um diese Bodenreform unumkehrbar und gerichtsfest zu machen, wurde am 23. März 1946 ein weiteres Gesetz verabschiedet, bei dem besonders der Artikel II interessant war:

»Gesetz über die Eintragung der durch das Gesetz über die Bodenreform vom 10. Dezember 1945 an die Bauern aufgeteilten Ländereien in das Grundbuch vom 23. März 1946

Artikel II

1. Für jede im Zuge der Bodenreform neu gebildete Bauernstelle ist ein neues Grundbuchblatt anzulegen, in das die Angaben über das dieser Wirtschaft überwiesene Land einzutragen sind. Den landarmen Bauern wird die ihnen überwiesene Landzulage auf ihr bisheriges Grundbuchblatt umgeschrieben.
2. Das neue Grundbuchblatt, gleichgültig, ob in einem alten oder neuen Bande,

---

12   LHA Mecklenburg-Vorpommern (Schwerin) – Ministerium f. Land- und Forstwirtschaft – 2708, S.43f.

darf weder nach Form noch Inhalt von den im gleichen Bezirk sonst im Ge-
brauch befindlichen Grundbüchern abweichen.

Artikel V

1. Nach erfolgter Eintragung der im Zuge der Bodenreform aufgeteilten Lände-
reien in das Grundbuch sind sämtliche bei den Gerichten befindlichen Grund-
buchblätter über die im Zuge der Bodenreform beschlagnahmten Güter ein-
schließlich der Grundakten, der Tabellen, sonstiger Unterlagen zu vernichten.
2. Über die Vernichtung der Akten ist ein Protokoll aufzunehmen, das keinerlei
andere Angaben als die Bezeichnung des Grundbuches nach Grundbuchbezirk,
Band und Blatt enthalten darf.«

Nach der Zerschlagung der Betriebe über 100 Hektar konnte
man die neuen Verhältnisse nicht sich selbst überlassen. Da es
der Führung und Unterstützung bedurfte, wurde die Vereinigung der gegenseitigen Bauernhilfe (VdgB) ins Leben gerufen.

Die Vereinigung der gegenseitigen Bauernhilfe (VdgB)

Die Vereinigung der gegenseitigen Bauernhilfe ging aus örtlichen Vereinigungen hervor, die sich im Frühjahr 1946 zu
Kreis- und Landesverbänden zusammenschlossen. Auf einer
Arbeitstagung Anfang Mai 1946 vereinbarten die Landesverbände, zur Koordinierung ihrer Tätigkeit sich zusammenzu-
schließen und ein zentrales Bauernsekretariat zu berufen. Die
VdgB sah später dieses Datum als Gründungsdatum an, obwohl eine Zonenvereinigung in rechtsverbindlicher Form erst
auf dem 1. Deutschen Bauerntag im November 1947 entstand.
Die VdgB orientierte sich an dem Modell »Raiffeisen« und
gab wie Raiffeisen Kredite. Dies reflektierte nicht nur die
Erwartungen, nach der Aufhebung der Zwangsbestimmun-
gen des Reichsnährstandes einen neuen Anfang im Sinne der
Raiffeisenschen Prinzipien von Selbsthilfe, Selbstverantwor-
tung und Selbstverwaltung zu ermöglichen. Es geschah dies

auch in der Absicht, Verbindungen zu der in den Westzonen wiedererstandenen Raiffeisen-Organisation aufrechtzuerhalten – in der Hoffnung auf baldige Wiedervereinigung.

Die Bildung der örtlichen Vereinigungen begann in den Neubauerndörfern und ging meist schon im November 1945 vonstatten. Selten geschah dies im Selbstlauf. Meist drängten dazu regionale Verwaltungsstellen und KPD-Aktivisten, die zur Durchsetzung der Bodenreform in die Dörfer geschickt worden waren. Die KPD sah in den Vereinigungen »das wichtigste Instrument der bäuerlichen Selbsthilfe und nicht zuletzt die Stützpunkte der Partei in jedem Dorfe«.[13]

Wenngleich die Dominanz von Klein- und Mittelbauern in der VdgB betont wurde, konnten doch auch Großbauern beitreten. Dies reflektierte bündnispolitische Zielsetzungen und trug zugleich den agrarwirtschaftlichen Gegebenheiten Rechnung. Ohne Ressourcen und Erfahrungen von Altbauern war eine wirksame Neubauernhilfe nicht denkbar. Am 1. Februar existierten 8.073 Vereinigungen – also in etwa zwei Drittel aller Landgemeinden – mit annähernd 150.000 Mitgliedern. Davon waren etwa zwei Drittel parteilos, ein Drittel gehörte der KPD oder SPD an. Nur 1,5 Prozent der Ausschussmitglieder waren in CDU und LDP organisiert.[14]

Die örtlichen Vereinigungen hatten gemäß Musterstatut vom Februar 1946 rein agrarwirtschaftliche Aufgaben: Organisierung von Ausleihstellen landwirtschaftlicher Maschinen und der bäuerlichen Gemeinschaftshilfe, Einrichtung von Deckstationen, Reparaturwerkstätten, Saatgutreinigungsanlagen, Obstbaumschulen u. a., Leitung der Werkstätten und

---

13 Rundschreiben des Zentralsekretariats der KPD vom 24. Oktober 1945. Gefunden bei Monika Schwank/Frank Göttlicher: »KPD und Bodenreform«. In: BzG 5/1975, S.855 (Dokument 3).

14 Wernet-Tietz, Bernhard: *Bauernverband und Bauernpartei in der DDR. Die VdgB und die DBD 1945–1952. Ein Beitrag zum Wandlungsprozess des Parteiensystems in der SBZ/DDR.* Köln: Verlag Wissenschaft u. Politik, 1984, S. 52f.

Verarbeitungsbetriebe der aufgelösten Gutsbetriebe, Hilfeleistung bei der Kreditbeschaffung.

Das Musterstatut für die Kreis- und Landesverbände sah folgende wirtschaftspolitischen Aufgaben vor: Beratung der Verwaltungsorgane in allen Bauernfragen und Mitwirkung bei der Vorbereitung von Verordnungen und Anordnungen sowie Mitwirkung bei der Aufschlüsselung des Anbau- und Abgabesolls auf Kreise, Gemeinden und Bauernhöfe, außerdem die Beratung der zuständigen Verwaltungen bei der Steuereinschätzung und auch bei der Preisbildung für Agrarerzeugnisse.

In den gewählten Landes- bzw. Provinzialausschüssen waren Mitglieder der KPD noch stärker vertreten als in den Ausschüssen auf Kreis- und Ortsebene. Der 25-köpfige Landesausschuss für Thüringen setzte sich parteipolitisch zum Beispiel wie folgt zusammen: zehn KPD-Mitglieder, zwei SPD-Mitglieder, ein CDU- und ein LDP-Mitglied sowie ein Parteiloser. Der 1. Vizepräsident der Landesverwaltung und Vorsitzende der Landesbodenkommission, Ernst Busse (KPD), stand dem Ausschuss vor. Eine ähnliche Verzahnung kam auch in den anderen Ländern und Provinzen zustande. Damit hatte die KPD die Führung der Landesverbände in der Hand. Zugleich war eine enge Anbindung an alle Verwaltungsorgane gegeben, die über die VdgB-Ausschüsse, als öffentlich-rechtliche Körperschaften, Aufsichtspflichten innehatten.

Die Genossenschaften

Am 20. November 1945 erließ die SMAD den Befehl Nr. 146 zur Wiederaufnahme der Tätigkeit der landwirtschaftlichen Genossenschaften »unter Berücksichtigung der wichtigen Rolle der Genossenschaften bei der maximalen Vergrößerung der Produktion der Landwirtschaft, der Versorgung der Bauern mit Produktionsmitteln, der Hilfeleistung bei der Organisation der Bearbeitung und des Absatzes von landwirtschaftlichen Erzeugnissen«.[15]

Den Genossenschaften wurden folgende traditionelle Aufgaben zugewiesen: Kreditgewährung, Versorgung der Bauern mit Produktionsmitteln, Verarbeitung und Absatz landwirtschaftlicher Erzeugnisse, Organisierung von Maschinenausleihstellen und von Deckstationen. Die Deutsche Verwaltung Land- und Forstwirtschaft erarbeitete Musterstatuten, die auf eine Demokratisierung der Genossenschaften zielten. Jedes Genossenschaftsmitglied hatte nun in der Generalversammlung eine Stimme, unabhängig von der Anzahl der erworbenen Geschäftsanteile. Den Komitees der gegenseitigen Bauernhilfe wurde eine Kollektivmitgliedschaft möglich, was Neubauern die Mitarbeit erleichterte.

Bis zum Frühjahr 1946 entstanden Genossenschaftsvereinigungen auf Landesebene: zentrale Handelsgenossenschaften, Landesgenossenschaftskassen und Revisionsvereinigungen. Führende Landespolitiker, vor allem von KPD und SPD, die Schlüsselstellungen der Verwaltung innehatten, traten in die Vorstände und Aufsichtsräte ein. Dies geschah im Einvernehmen mit dem entnazifizierten Genossenschaftsapparat, der sich nun unter einem schirmenden Dach beschützt fühlte und seine Führungsrolle dank Fachkompetenz nicht gefährdet sah. Auch durch den Parteieintritt von übernommenem Personal ergab sich auf Landesebene der außerordentlich hohe Anteil von 69 Prozent SED-Mitgliedern in den Vorständen und 60,4 Prozent in den Aufsichtsräten, während die beiden bürgerlichen Parteien mit 13,7 bzw. 20,8 Prozent beteiligt waren.[16]

---

15 Film: *Um ein antifaschistisch-demokratisches Deutschland. Dokumente aus den Jahren 1945–1949*. Berlin: 1968, S.206.

16 Alle Zahlenangaben zu den Genossenschaften: Kotow, Grigorij Grigorgewitsch:

Das Genossenschaftsnetz wurde 1946 auf die Neubauerndörfer ausgedehnt. Ende 1946 bestanden 6.233 Genossenschaften. Mit 841.300 Mitgliedern überstieg die Mitgliederzahl bereits 1947 den Vorkriegsstand um ein Sechstel. 38.400 Mitglieder wurden ausgeschlossen, darunter Naziaktivisten und alle durch die Bodenreform enteigneten Personen. Bei der Bewertung der Mitgliederzahlen ist die Vielfachzählung zu berücksichtigen.

Ein Bauer konnte an den verschiedenen Genossenschaften nur durch Geschäftsanteile teilhaben. 48 Prozent der Mitglieder waren Bauern mit weniger als fünf Hektar Land, 41 Prozent mit fünf bis zwanzig Hektar Land. Bauern mit mehr als zwanzig Hektar Boden, also überwiegend Großbauern, machten 11,5 Prozent aller Mitglieder aus. Nach den Verbandswahlen 1948/49 waren die verschiedenen Schichten im Mitgliederanteil annähernd reziprok in den Vorständen und Aufsichtsräten vertreten, sieht man von den kleinen Spezialgenossenschaften mit starker Dominanz von Großbauern ab. Der Anteil der SED-Mitglieder betrug 32,9 Prozent, der von CDU und LPD 8,8 bzw. 9,9 Prozent. 0,8 Prozent der Mitglieder der Leitungsorgane gehörten der DBD an, 47,6 Prozent waren parteilos.

Agrarverhältnisse und Bodenreform, Bd. 2, S.38ff. Außerdem: *Protokoll des Kongresses der ländlichen Genossenschaften Deutschlands am 16. und 17. März 1949.* Berlin 1949, S.58.

Entwicklungen in den Jahren nach 1949

Trotz der eingeleiteten Maßnahmen befand sich auf dem Land und in der Landwirtschaft nicht alles im Lot. Oft wurden die Neubauern von den Altbauern nicht gleichwertig akzeptiert. Viele Bauern verließen die DDR und gingen in die westlichen Besatzungszonen. Hinzu kam die Zwangsumsiedlung in den Grenzgebieten. Durch diese wurden die landwirtschaftlichen Flächen zeitweilig nicht oder nur extensiv bewirtschaftet, bis eine Regelung zum Betreten des unmittelbaren Grenzgebietes gefunden wurde. Die Äcker verunkrauteten. In unserem Dorf nannten wir diese Flächen spöttisch »Mitschurin-Flächen«.

Die Politik erkannte, dass dieser Gesamtzustand beendet werden musste und dass die flächendeckende Bewirtschaftung des Landes nur mit technischem Fortschritt zu bewältigen war. Die Schaffung von großen Flächen stellte deshalb ein absolutes Erfordernis dar.

Um das Ziel der flächendeckenden Bewirtschaftung des Landes zu erreichen, wurden die Verantwortlichkeiten der VdgB jeweils der Gesamtentwicklung angepasst. Ab 1949 baute man die VEAB auf, die für die Erfassung und den Aufkauf der bäuerlichen Marktproduktion verantwortlich war. Ebenfalls wurden ab 1949 die Maschinenausleihstationen (MAS) aus der VdgB ausgegliedert und zu staatlichen Betrieben gemacht. Damit man – aus Sicht der SED und SMA – den Gesamtentwicklungsprozess nicht behinderte und besser steuern konnte, wurde die VdgB in ihrer Bedeutung allmählich geschwächt. Der ursprüngliche Status, den die VdgB von 1945 bis 1948 besessen hatte, beruhte auf dem Genossenschaftsprinzip der Raiffeisengenossenschaften. Dieser Status wurde durch die SED bewusst verändert. Alle Entwicklungen wiesen in Richtung demokratischer Zentralismus unter Führung der SED.

Neubauernbauprogramm und
II. Parteikonferenz

Im Jahre 1948 entschloss sich die SMAD, mit dem Befehl Nr. 209 ein Neubauernbauprogramm durchzusetzen. Ziel des Neubauernprogramms war, für die Neubauern Wohnraum und Stallungen bereitzustellen. Das Gros der Flüchtlinge und Vertriebenen war in enteigneten Gutshäusern und in Provisorien untergekommen. Viele hatten ihr »Handtuchfeld« in einer anderen Gemeinde, besaßen keinen eigenen Stall und keine Scheune. Diese Bedingungen waren denkbar schlecht, um eine eigene Landwirtschaft zu führen. Deshalb gaben viele der Neubauern den ihnen übereigneten Boden zurück in den Fonds.

Bis 1949, so die Statistik beim Ministerium für Land- und Forstwirtschaft in Schwerin, wurden im Kreis Anklam 14,9 Prozent und im Kreis Greifswald sogar 22,1 Prozent der Neubauernstellen in den Bodenfonds zurückgegeben.[17] Die Gründe für die Rückgaben wurden statistisch festgehalten: Verzicht wegen Alter, Krankheit und Tod; Fehlen landwirtschaftlicher Kenntnisse; Rückkehr in den alten Beruf; Wegzug und Berufswechsel (meist Westzonen); alleinstehende Frauen; Mangel an Zugmittel, Vieh und Inventar; Mangel an Wohn- und Stallgebäuden; wirtschaftliche Gründe und zu hohe Ablieferungspflichten. Aus den Archivunterlagen geht hervor, dass die staatlichen Stellen oftmals neue Besitzer suchten.

Das Neubauernbauprogramm konnte die Lage nicht spürbar verändern. Es war unmöglich, in wenigen Jahren eine neue bäuerliche Struktur zu schaffen. Es fehlte an Baumaterial und Baukapazitäten. Das Neubauernprogramm begann zu scheitern. Deshalb wurde 1952 die II. Parteikonferenz der SED einberufen und eine neue Linie festgelegt. Es musste eine

---

17   LHA Mecklenburg-Vorpommern (Schwerin) – Ministerium f. Land- und Forstwirtschaft – 2708, S.78f.

neue Struktur entstehen: Das konnten nur genossenschaft-liche Großbetriebe sein. So kam der II. Parteikonferenz, die vom 9. bis 12. Juli 1952 stattfand, eine große Bedeutung zu. Auf dieser Konferenz wurde beschlossen, wie das von Stalin formulierte ökonomische Grundgesetz zum Aufbau des So-zialismus in der DDR zu verwirklichen sei. Es hieß, dass den Landarbeitern und werktätigen Bauern, die sich freiwillig zu landwirtschaftlichen Produktionsgenossenschaften (LPG) zusammenschlossen, jegliche Unterstützung der Arbeiter-klasse und des Staates zu gewährleisten sei. Damit war der Grundstein zur Kollektivierung der landwirtschaftlichen Primärproduktion gelegt. Mit den individuell arbeitenden Klein- und Mittelbauern sollte weiterhin über die VdgB zu-sammengearbeitet werden.

Weiterhin hieß es auf der Parteikonferenz: Das geringschät-zige Verhalten eines Teiles der Bauernschaft gegenüber den Kollektivierungsabsichten sei ein Ausdruck des Sozialdemo-kratismus und muss entschieden überwunden werden. Das Ziel war, die Landwirtschaft in der gesamten DDR großflä-chig und genossenschaftlich zu bewirtschaften.

Prekäre Fälle

Ich wurde 1939 als Bauernsohn im Thüringer Wald geboren. Der Betrieb meiner Eltern umfasste elf Hektar Land und be-fand sich auf 550 Meter Höhenlage mit einer durchschnittli-chen Bodenwertzahl von 36 bis 45. Das war ein minderwer-tiger Boden.

Wir führten ein karges bäuerliches Leben. Geld war sehr knapp, doch Hunger brauchte ich nie zu leiden. Auf unserem Frühstückstisch standen stets Brot, Sirup, Milch und Mucke-fuck. Nach der Grundschule, die ich 1953 mit guten Noten verließ, blieb ich im elterlichen Betrieb, absolvierte zwei Jahre in Sonneberg die Berufsschule und erhielt 1955 den Facharbeiterbrief als Landwirt.

Schon damals erkannte ich, dass man mit elf Hektar Land nie gut würde leben können, erst recht nicht bei rückständiger Technologie und Arbeitsweise. Gemolken wurde auf unserem Hof mit der Hand. Für eine Mechanisierung war kein Geld vorhanden.

Meine zehn Jahre ältere Schwester heiratete 1951 und zog nach Bayern. Auch mein Schwager besaß einen landwirtschaftlichen Hof mit zwölf Hektar. Ihm gehörte jedoch ein kleiner Traktor und eine kleine Melkmaschine. Für eine weitere Mechanisierung reichte auch dort das Geld nicht aus. Es wurde versucht, weitere Maschinen zur Bodenbearbeitung anzuschaffen – durch Gemeinschaftskauf mehrerer Bauern. Ich erkannte, dass diese westdeutschen Klein- und Mittelbauern, trotz ihrer besseren Mechanisierung, nur für den Betrieb arbeiteten. Für ihr eigenes Wohl und das ihrer Familien blieb auch nicht mehr übrig als im Osten.

In unserer Gemeinde Mausendorf/Neundorf (Kreis Sonneberg) fanden in etwa achtwöchigem Abstand Gemeindeversammlungen statt. Diese Versammlungen wurden vom Bürgermeister geleitet und drehten sich vor allem um Probleme der Landwirtschaft. Im Vordergrund standen Fragen der Pflichtablieferung. Je geringer der Pflichtanteil, desto mehr konnten die Bauern von ihrem Ertrag als »Freie Spitzen« verkaufen. Das Soll, die Pflichtabgabe, gab der Staat vor. Wichtig war das Gesamt-Gemeinde-Soll. Wurde das erbracht, konnte für die einzelnen Bauern differenziert werden. Für die »Freien Spitzen« gab es keine Vorgaben.

Größenkategorisierungen der landwirtschaftlichen Betriebe für die Soll-Abgaben:

0 – 5 ha,
5 – 10 ha,
10 – 15 ha,
über 15 ha.

Je weniger Hektar ein Betrieb hatte, desto geringer war sein Soll pro Hektar. Die Bauern wurden als Selbstversorger gewertet, das hieß, dass sie außer für Zucker keine Lebensmittelmarken bekamen.

Hatte ein Bauer knapp über die Grenzen dieser Kategorisierung Land, zum Beispiel 10,2 Hektar, war er finanziell in einer äußerst prekären Lage. Er hatte je Hektar ein höheres Soll als ein Bauer, der zum Beispiel 9,2 Hektar hatte. Dieser Bauer erwirtschaftete aber kaum weniger. Er konnte mit seinen 9,2 Hektar mehr Freie Spitzen verkaufen, und es ging ihm bedeutend besser, denn die Unterschiede der Vergütungspreise zwischen Soll und Freien Spitzen waren gewaltig. Für die Freien Spitzen war der Preis drei- bis viermal so hoch wie für das Soll. Diese Ungerechtigkeiten zwischen den Bauern in einer Gemeinde wurden ausgeglichen, indem der eine Bauer etwas mehr Soll und der andere dafür etwas weniger Soll abgab und dafür mehr Freie Spitzen hatte. Entscheidend für den Staat war, dass die Gemeinde insgesamt ihr Soll ablieferte.

In unseren Gemeindeversammlungen wurde auch über die Gründung einer Genossenschaft diskutiert. Ich erinnere mich, dass in den Jahren 1952 bis 1955 alle Bauern die Gründung einer LPG strikt ablehnten. Jeder hing an seiner Scholle. Trotzdem setzte bei manchen Bauern ein Denkprozess ein, vor allem bei denen, denen es finanziell schlecht ging. Ich war noch jung, aber ich entsinne mich, dass ältere Bauern klagten: »Nun ist das Jahr um, und außer dass wir uns ernähren konnten, ist wieder nichts übrig geblieben.« Heute weiß jeder, dass ohne Gewinn kein Betrieb überleben kann.

Die Notwendigkeit einer Veränderung lag in der Luft. Jedoch brauchte jede Veränderung die Befürwortung und Unterstützung der SED. Die Technik zur Bodenbearbeitung und Ernte wurde von der MAS zu festgelegten Tarifen zur Verfügung gestellt – sie konnte aber bei weitem nicht für die gesamte

Ackerfläche Geräte bereitstellen. LPGs wurden bevorzugt behandelt und durch günstigere Tarife unterstützt.

Zudem waren viele Bauern noch fortschrittsfeindlich. So wurde heftig diskutiert, ob es besser ist, den Boden mit Pferden zu bearbeiten oder mit dem Traktor. Die Bauern dachten zum Beispiel, dass die Technik den Boden zu stark verdichtet und die Erträge zurückgehen würden. Dass dies nicht zutrifft, wissen wir heute.

Verbreitung der LPGs

Aufgrund der schlechten Lage der Bauern, die sich aus dem hohen Soll oder dem Mangel an Arbeitskräften ergab, gelangten immer mehr zur Einsicht, dass sich etwas ändern muss. Und wenn es nicht anders geht, dann eben im Schulterschluss mit einer LPG. Wer in die LPG eintrat, wurde vom Staat unterstützt: Er bekam ein geringeres Soll und wurde in der MAS bevorzugt bedient. Ich erinnere mich an eine Diskussion in der Gemeindeversammlung, wo ein Bauer sagte: »Ich war im Krieg in der Ukraine, ich kenne diese kollektive Arbeit und diese Menschen haben auch gelebt.«

So entstanden immer mehr LPGs, jedoch mit schlechten Voraussetzungen. Mitglied wurden Bauern mit wenigen Arbeitskräften in der Familie, schlechtem Gesundheitszustand oder solche, die finanziell schlecht dastanden. Unter diesen Bedingungen konnten die LPGs keine Vorzeigebetriebe werden – was eine LPG-Gründungswelle bremste. Die gut dastehenden Betriebe sahen keine Notwendigkeit, einer LPG beizutreten. Doch wenn sich die LPGs gut entwickeln sollten, brauchte man alle Bauern mit ihrem Wissen und Können – vor allem die Großbauern.

Dies erkannte die Staatsführung. So begann Ende 1959/Anfang 1960 eine Großkampagne der Partei, des Staatsapparates und auch der politischen Führung der Industriebetriebe mit dem Ziel, alle Bauern zur genossenschaftlichen Produktion zu bewegen. Wöchentlich fanden in den Gemeinden Versammlungen statt, um auch den letzten Bauern zum Eintritt in eine LPG zu bewegen.

Haustür- und Hausbesuche wurden organisiert, an denen oftmals auch Parteimitglieder aus Industriebetrieben teilnahmen, den sogenannten Patenbetrieben. Diese Agitationsbesuche lagen in der Verantwortung von Mitarbeitern des Partei- und Staatsapparates. Darüber hinaus wurden Parteimitglieder von der örtlichen bzw. der regionalen Industrie eingesetzt, um die Bauern zu überzeugen, in die LPG einzutreten oder eine zu gründen. Dazu wurden die Genossen vorher geschult. Diese Agitationseinsätze waren auch ideologisch begründet. Die Arbeiter sollten sich mit den Bauern verbünden. Die DDR wäre ein Arbeiter- und Bauernstaat. Von diesem politischen Gefasel wollten die Bauern nichts wissen. Es ging in ein Ohr hinein und aus dem anderen heraus. Die Bauern interessierten ökonomisch-praktische Fragen: Was wird aus meinem Betrieb? Welche Einnahmen kann ich erzielen, und wie geht es mit meinem Leben weiter?

Zu diesen ureigenen Interessen der Bauern konnten die Agitatoren jedoch so gut wie nichts sagen. Sie waren keine Landwirte. Sie waren ausschließlich politisch instruiert. Deshalb waren die Ergebnisse dieser Agitationseinsätze auch nur von geringem Erfolg gekrönt. Die gut dastehenden Bauern bzw. Großbauern konnten sie nicht überzeugen.

Die Partei legte Wert darauf, dass der LPG-Beitritt der Bauern den Anschein der Freiwilligkeit behielt. Deshalb dauerte dieser Prozess lange (acht Jahre – von 1952 bis 1960). Die Gespräche, die die unbeliebten Agitationsgruppen über Jahre führten, hatten zwar wenig Erfolg – aber sie erzeugten eine gewisse Angst unter den Bauern. Die Bauern erkannten, dass es keine andere Alternative gab und sie eines Tages doch in einer LPG landen würden.

Durch die vielen Gespräche lernten sich die Agitatoren und Bauern auch persönlich kennen. Man grüßte einander sogar. So ist mir ein Fall bekannt, in dem ein Agitator mit einem Bauern hinsichtlich einer LPG-Gründung nicht einig wurde. Einig wurde sich der Agitator jedoch mit der Tochter des Bauern. Man munkelte im Dorf, dass die beiden ein Verhältnis hatten. So ist es im Leben, die zwischenmenschlichen Beziehungen sind vielseitig.

Ende der 50er Jahre gaben immer mehr Bauern dem Druck nach und traten in die LPG ein. Innerhalb weniger Monate entstanden vollgenossenschaftliche Dörfer. 1960 war die erste Phase der flächendeckenden Kollektivierung vollendet. Der sozialistische Frühling war eingekehrt.

Schwer hatte es die Jugend. Die bis 1960 nicht geklärten Verhältnisse veranlassten viele Jugendliche, die Höfe ihrer Eltern zu verlassen. Die Arbeits- und Lebensbedingungen in der Industrie waren inzwischen durchaus akzeptabel und nahezu so gut wie in Westdeutschland. Kaum ein junges Mädchen zog es in die Landwirtschaft. Die Bauernsöhne hatten enorme Schwierigkeiten, Partnerinnen zu finden, die in den kleinen, technologisch rückschrittlichen Höfen leben und arbeiten wollten.

Ich kannte Bauern, die sagten: »Meinen Kindern zuliebe treten wir der LPG bei.« Denn die Jugendlichen, deren Eltern in die LPG eingetreten waren, wurden gefördert und konnten sich in Fach- und Hochschulen qualifizieren. Man wusste, dass die landwirtschaftlichen Großbetriebe ausgebildete Fachleute brauchten, die in leitender Stellung tätig sein würden. Diese Möglichkeit nahm auch ich wahr und ließ mich an die Fachschule für Landwirtschaft nach Altenstein delegieren. Mit dem Titel »Staatlich geprüfter Landwirt« schloss ich das Studium 1963 ab.

Nun bestanden die LPGs nicht mehr nur aus schlechten Betrieben, sondern auch die gut situierten Bauern waren integriert und brachten ihr Wissen ein. Diese Bauern setzten sich mit ihrem Können für die LPG ein, denn diese stellte ihre Lebensgrundlage dar und ihr Einkommen erhöhte sich, wenn gut gewirtschaftet wurde. Entsprechend wurden die gut situierten Bauern in der Regel auch in führende Positionen der LPG gewählt, beispielsweise als Vorsitzender, Abteilungsleiter oder Brigadier.

Was viele heute nicht wahrhaben wollen, ist: Die Bauern wurden mit dem LPG-Beitritt nicht enteignet. Sie blieben Eigentümer ihres Grund und Bodens. An den bestehenden Grundbuchblättern wurde nichts verändert.

Zusammenschlüsse von LPGs

Laut LPG-Gesetz konnten sich auch LPGs zusammenschließen. Im § 20 des LPG-Gesetzes (»Gesetz über die landwirtschaftlichen Produktionsgenossenschaften vom 3.Juni 1959«) heißt es:

(1) Mehrere LPG können sich zur Förderung der sozialistischen Großproduktion und zur weiteren Verbesserung der Lebenslage ihrer Mitglieder zu einer LPG zusammenschließen.

(2) Die Mitgliederversammlungen der beteiligten LPG beschließen über den Zusammenschluss und bestimmen den Termin des Zusammenschlusses. Die Beschlüsse müssen von mindestens zwei Drittel aller Mitglieder gefasst werden.

Im § 22 des gleichen Gesetzes heißt es:

(1) Die neu gebildete LPG erhält durch Eintragung in das Register der LPG beim Rat des Kreises Rechtsfähigkeit.

(2) Mit dem Tage der Registrierung gehen alle Rechte und Pflichten der zusammengeschlossenen LPG auf die neu gebildete LPG über.

(3) Soweit weitere Registrierungen oder Grundbuchberichtigun-

gen erforderlich sind, hat dies der Vorstand in Zusammenarbeit
mit dem Rat des Kreises zu veranlassen.

Die Möglichkeit, dass sich LPGs zusammenschließen, bildete
die Grundlage dafür, dass Betriebsgrößen geschaffen werden
konnten, die als ideal galten.
Die Betriebsgrößen richteten sich nach der Geländestruktur
und der Produktionsrichtung. Es entstanden Betriebe von
500 bis 5000 Hektar. Bei der Planung wurde zunächst die
Spezialisierung der Betriebe festgelegt. Das geschah in Beratung zwischen LPG-Vorstand, Staatsapparat, Rat für landwirtschaftliche Produktion und Nahrungsgüterwirtschaft
(RLN) und Abteilung Landwirtschaft des SED-Parteiappa-
rates (Kreisleitung, Bezirksleitung, Zentralkomitee). War die
Produktionsrichtung klar, wurden die Größen der Stalleinheiten geplant. Die maximalen Größen waren festlegt. Sie
lagen für Milchkühe bei bis zu 2000 Tieren, für Bullenmast
bei bis zu 1500 und bei Schweinen bei bis zu 10.000. Es waren Größeneinheiten, die die modernsten Erkenntnisse der
Wissenschaft umsetzten. Diese Größen bedurften oftmals ei-
ner Stufenproduktion: So gab es große Betriebseinheiten für
Muttersauen/Ferkelproduktion, Läuferproduktion und Mast.
Diese Größenordnungen erforderten moderne Schlacht- und
Verarbeitungsbetriebe, denn es musste in gleichmäßig großen
Partien ausgestallt werden.
Die Zeit von 1960 bis etwa 1980 war von gewaltigen Investi-
tionen in die Land- und Nahrungsgüterproduktion geprägt.
Es wurde eine völlig neue Basis aufgebaut: Neue Ställe, neue
Lagerhallen, neue Technologien in der Getreideverarbeitung
und -trocknung. Die Stalleinheiten wurden so geplant, dass
die damals geforderten tierschutzrechtlichen Parameter ein-
gehalten wurden. Dies wurde wissenschaftlich begründet.
Die heutigen sogenannten »Grünen« würden über diese Bestimmungen den Kopf schütteln, doch Ansichten zur

Landwirtschaft, wie sie von der ehemaligen Bundeslandwirtschaftsministerin Frau Künast vertreten wurden, haben mich auch nur den Kopf schütteln lassen.

Die Produktionstypen der LPG

Die genossenschaftliche Produktion begann in Form von Typ I. Typ I bedeutete, dass das gesamte Ackerland genossenschaftlich bewirtschaftet wurde. Flurstücke konnten beliebig groß angelegt und zusammengefasst werden, ohne dass das Grundeigentum des Besitzers berührt wurde. Grünland, Vieh, Geräte und Gebäude blieben noch in individueller Hand. Die genossenschaftliche Arbeit wurde über Naturalien vergütet.

Jedes LPG-Mitglied hatte ein kleines Buch, in das die Arbeitseinheiten (AE) eingetragen wurden. Die unterschiedlichen Tätigkeiten wurden differenziert bewertet, je nach körperlicher Schwere der Arbeit und nach Höhe des erforderlichen Fachwissens. So konnte man in acht Stunden einfacher Arbeit zum Beispiel 0,8 AE bekommen oder bei komplizierterer Arbeit bis zu 1,4 AE. Die täglichen Leistungen wurden vom Brigadier bestätigt. Je mehr AE ein LPG-Mitglied hatte, desto mehr Naturalien (Getreide, Rüben, Kartoffeln, Feldfutter usw.) erhielt es. Diese Naturalien wurden über die individuell betriebene Tierhaltung »veredelt«. Durch den Verkauf der Tierprodukte verdiente der LPG-Bauer das Geld, das er zum Leben brauchte. Dies war der Anfang des genossenschaftlichen Wirtschaftens. In der LPG Typ II gingen Maschinen, teilweise Grünland und Gebäude in genossenschaftliche Bewirtschaftung über. Typ II blieb jedoch von untergeordneter Bedeutung.

Nun drängte es, gemeinsam zu investieren: Ställe zu bauen, Berge- und Lagerräume zu schaffen und größere moderne

Technik anzuschaffen. Das waren Voraussetzungen, um zum Typ III der genossenschaftlichen Produktion überzugehen. Das Neue, was durch Investitionen geschaffen wurde, war nun genossenschaftliches Eigentum. Unberührt blieb auch im Typ III das individuelle Eigentum an Grund und Boden. Das erste Gesetz über die Landwirtschaftlichen Produktionsgenossenschaften vom 3. Juni 1959 (LPG-Gesetz) regelte diese Entwicklung. Das Gesetz schrieb die Strukturentwicklung fest, den Aufbau der Qualifikationseinrichtungen (Fach- und Hochschulen), die Investitionen in die Tier- und Pflanzenproduktion und die Beziehungen zur Verarbeitungsindustrie. So nutzte ich die Gelegenheit und besuchte von 1967 bis 1969 im zweijährigen Direktstudium die LPG-Hochschule in Meißen und qualifizierte mich zum Diplom-Agrar-Ingenieur-Ökonom.

Die Entwicklung schritt so schnell voran, dass 1982 ein zweites Gesetz über die Landwirtschaftlichen Genossenschaften verabschiedet wurde. Darin hieß es, dass die LPGs die Verantwortung für die Nachwuchsgewinnung und Berufsausbildung selbst übernehmen müssten und dass jeder Genossenschaftsbauer berechtigt und verpflichtet sei, sich weiterzubilden; die LPGs hatten dies zu unterstützen.

Weiterbildung

Die schnelle Entwicklung der Land- und Nahrungsgüterwirtschaft erforderte, dass die Menschen diesen Prozess verstehen und in der Lage sein mussten, die modernisierte Produktion zu lenken und zu leiten. Deshalb wurde vom Staat und von den LPGs Wert darauf gelegt, dass junge Menschen qualifiziert wurden.

Die Ausbildung zum landwirtschaftlichen Facharbeiter bestand aus praktischer Lehre und fand in der LPG statt, zwei

Tage pro Woche ging man in die Berufsschule, um theoretisches Wissen zu erwerben. Nach zwei Jahren wurde eine Prüfung abgelegt und man erhielt seinen Facharbeiterbrief. Dieser Facharbeiterbrief war Grundlage für weitere Qualifikationsmaßnahmen. Damit dieser Prozess geplant verlief, gab es in allen großen LPGs einen verantwortlichen Mitarbeiter dafür, also einen Lehrausbilder.

Der Facharbeiterabschluss war Voraussetzung, um einen Meisterlehrgang oder eine Fachschule für Landwirtschaft zum Direkt- oder Fernstudium zu absolvieren.

Mit dem Fachschulabschluss hatte auch ich die Hochschulreife erlangt, ohne das Abitur zu absolvieren. Denn welcher Bauernjunge konnte schon zur Oberschule gehen? Die meisten mussten im elterlichen Betrieb arbeiten. Diese Entwicklung und Entfaltung für die Landjugend war nur durch die Entwicklungen der LPGs möglich. Auch in diesem Punkt stelle ich fest, dass die Kollektivierung für die jungen Menschen mehr Segen als Fluch war.

Zu Beginn meines Studiums zum Agrar-Ingenieur-Ökonomen erhielt ich ein Stipendium von monatlich 180 Mark, nach dem ersten Semester von 240 Mark. Davon musste ich 40 Mark für Verpflegung und 20 Mark für Miete bezahlen. Der Rest blieb für die drei »Bs« (Brot, Bier und Benzin).

Die Hochschule in Meißen war auf die Primärproduktionserzeugung spezialisiert. Eine zweite Hochschule gab es in Bernburg. Sie war auf die Verarbeitung der landwirtschaftlichen Produkte, also für die Nahrungsgüterproduktion zugeschnitten.

An der Hochschule in Meißen gab es zwei Studienlehrgänge. In meinem Lehrgang studierten 110 Leute in vier Seminaren, die wie ich aus der Praxis kamen und im elterlichen Betrieb gelernt und gearbeitet oder die Berufsschule absolviert hatten. Parallel dazu gab es einen sogenannten Sonderlehrgang. In dem waren Funktionäre, Offiziere oder Mitarbeiter des Partei- und Staatsapparates. Diese Leute konnten aus gesundheitlichen Gründen ihre Tätigkeit nicht mehr ausüben. Sie bekamen ein monatliches Stipendium von 800 bis 1500 Mark, obwohl sie von der Arbeit in der Landwirtschaft keine Ahnung hatten. Sie wurden wieder im Staats- oder Parteiapparat eingesetzt.

Das Verhältnis zwischen den beiden Studienlehrgängen war distanziert. Doch es wurde akzeptiert, wie es war.

Parallel dazu gab es Fernstudien, die man neben der Arbeit absolvieren konnte. Und es gab ein vielfältiges Angebot an Kurzlehrgängen.

Nach meinem zweijährigen erfolgreichen Studium wartete in der Praxis eine Überraschung auf mich.

Neue Wirtschaftsweisen, neue Aufgaben

Denn inzwischen hatten sich zahlreiche LPGs zusammengeschlossen. Dadurch war mein Arbeitsplatz als Vorsitzender der LPG wegrationalisiert worden. Doch es wurden überall in der Landwirtschaft qualifizierte Arbeitskräfte gesucht. Der Rat des Bezirkes kümmerte sich um mich und schlug mir vor, in die Nahrungsgüterwirtschaft zu gehen, und zwar in den VEB Südthüringer Fleischkombinat. Alle Absolventen der Hochschule wurden so vermittelt.

Ab 1960 wurden Modernisierung und Ausbau der Nahrungsgüterindustrie auf die Tagesordnung gesetzt. Für die Verarbeitung der Primärerzeugnisse wurden Kombinate nach der Bezirksstruktur gebildet. In Thüringen waren das: das Thüringer Fleischkombinat Erfurt, das Ostthüringer Fleischkombinat Gera und das Südthüringer Fleischkombinat Suhl. Diese Kombinate waren volkseigen, mit Ausnahme der Molkereien. Diese waren in der Nazizeit von den Bauern zu Genossenschaften zusammengeschlossen wurden.

Es entstanden Fleischkombinate, Getreidekombinate, Milchkombinate (genossenschaftlicher Charakter), Kombinate für Landtechnik und Kombinate für industrielle Mast.

Weiterhin entstanden viele zwischengenossenschaftliche Einrichtungen: Meliorationsgenossenschaften, zwischengenossenschaftliche Bauorganisationen (ZBO) und andere zwischenbetriebliche Einrichtungen.

Es lag in der Verantwortung der Kombinate, die im Territorium erzeugten Grundnahrungsmittel effektiv zu verarbeiten, sodass die Erzeugnisse in den Kaufhallen der staatlichen Handelsorganisation (HO) und des Konsums (genossenschaftliche Struktur) beziehungsweise im privaten Handel an die Bevölkerung verkauft werden konnten.

Deshalb spezialisierten sich die Kombinate der Nahrungsgüterwirtschaft (NGW). Die modernen Technologien waren in den Kombinaten bekannt durch die Landwirtschaftsausstellung AGRA, die jährlich in Leipzig-Markkleeberg stattfand. Dort wurden vor allem neue Produktionslinien und Maschinenketten vorgestellt, zum Beispiel der Mähdrescher-Komplex. Auf der AGRA konnte man alljährlich die aktuellen technologischen Entwicklungen der DDR kennenlernen und sich beraten lassen. Wollte man eine Anlage anschaffen, wurde das in den Investitionsplan des Kombinates aufgenommen. Der Rat des Bezirkes musste die Investition genehmigen. Mit der Genehmigung der Investition wurden die finanziellen Mittel zum Kauf bereitgestellt. Jedoch brauchten wir Fertigungslinien, die nicht in der DDR hergestellt wurden, sondern nur im westlichen Ausland (NSW). Aufgrund des permanenten Mangels an konvertierbarer Währung wurden diesbezügliche Wünsche vom Rat des Bezirkes allerdings meist abgelehnt.

Deshalb wurden unsere Schlachtlinien aus Eisen oder Stahl errichtet und mit Farbe gestrichen, anstatt nicht rostendes Material zu verwenden. Das wurde uns nach der Wende zum Verhängnis.

Nach Beendigung meines Studiums war ich ein Jahr lang in den Schlachthöfen Bad Salzungen und Ilmenau als Assistent tätig und wurde 1970 zum Betriebsleiter in den VEB Schlachtbetrieb Schmalkalden (ein Betrieb des Südthüringer Fleischkombinates) berufen. In diesem kleinen Betrieb wurde noch gemischt geschlachtet (vormittags Schweine, nachmittags Rinder). Nach zwei Jahren wurden die Betriebe spezialisiert. Ich wurde vom Kombinatsdirektor Franz Müller in die Kombinatsleitung des VEB Südthüringer Fleischkombinates nach Meiningen berufen, zunächst als Leiter Produktion des Stammbetriebes und später als Leiter des Büros des Hauptdirektors. Dort erlebte ich die Probleme, die es bei der Versorgung der Bevölkerung gab, hautnah – obwohl ausreichend Grundnahrungsmittel durch die Landwirtschaft erzeugt wurden.

Das Problem war: Fleisch war in der DDR keine freie Handelsware. Die gesamte »Fleischbewegung« unterlag einer sogenannten »Fleischbilanz«. Bilanz, das heißt: Auf der Grundlage des durchschnittlichen Pro-Kopf-Verbrauches wurde die Fleischmenge errechnet, die die regionalen Verarbeitungsbetriebe zugeteilt bekamen und verarbeiten konnten. Die Fleischbilanzen schrieben vor, welcher Verarbeitungsbetrieb bzw. welcher Fleischermeister wie viel Fleisch bekam. Dementsprechend erhielt er die Mengen im vorgegebenen Verhältnis – Rind zu Schwein.

Edelfleischteile wie Schweinekamm, Schinken, Rinderlenden waren Mangelware und weniger hochwertige Fleischteile blieben liegen.

Am Sitz der Kombinatsleitung in Meinungen gab es einen Fleischverarbeitungsbetrieb (Stammbetrieb). Der Verarbeitungssektor setzte sich wie folgt zusammen: volkseigene Verarbeitungsbetriebe (Kombinatsbetriebe), konsumgenossenschaftliche Verarbeitungsbetriebe, Produktionsgenossenschaften des Fleischerhandwerks (ab 1973 volkseigen), Handwerksbetriebe (Fleischereien).

Außerdem wurden die Sonderbedarfsträger gesondert behandelt und beliefert. Dazu gehörten: gute Hotels, Interhotels, Gästehäuser der Partei und des Staatsapparates, die Nationale Volksarmee (NVA) sowie die Sowjetarmee.

Damit die Sonderbedarfsträger genügend Edelfleischteile bekamen, wurden zum Beispiel bei 15 Prozent von den Schweinehälften, die für das Handwerk vorgesehen waren, die Keulen abgeschnitten und umverteilt. Selbstverständlich hatten die Schweinehälften ohne Keulen dann auch einen günstigeren Preis, insofern ging es finanziell schon gerecht zu. Aber im VEB Südthüringer Fleischkombinat in Meiningen wurden auch die Nachteile der Planwirtschaft sichtbar. Die Endverbrauchspreise (EVP), die staatlich festgelegt waren und in der ganzen DDR einheitlich eingehalten werden mussten, waren falsch berechnet. Die sogenannten Edelfleischteile (Keulen, Lenden, Kamm usw.) waren zu billig, und die minderwertigeren Teile wie Schweinebauch, Vorderviertel vom Rind waren zu teuer. Durch die zu geringen Unterschiede im Preis zwischen guten und weniger guten Fleischteilen kam es oft zu Versorgungsproblemen besonders in der Grillsaison oder zu Feiertagen. Zumal die Fleischereien aufgrund weniger Schweinekeulen auch weniger Schinken herstellen konnten.

1978 wurde ich zum Betriebsdirektor des VEB Schlachtbetriebes Hildburghausen berufen. Dort arbeitete ich bis 1990. Zu diesem Betrieb gehörte auch der Schlachthof in Sonneberg. Beide Betriebe spezialisierten sich, was erhebliche Investitionen erforderte. In Hildburghausen schlachteten wir wöchentlich 900 Rinder und 250 Schafe, im Betriebsteil Sonneberg 1500 bis 2000 Schweine.

Als Betriebsdirektor war ich Mitglied des Kreislandwirtschaftsrates. So konnte ich in den Sitzungen die Entwicklung der Landwirtschaft von der Primärproduktion über die Nahrungsgüterwirtschaft bis zum Handel mitverfolgen. Die positive Entwicklung wurde behindert durch den von oben stur durchgesetzten Plan, dessen Erfüllung straff kontrolliert wurde. Der Plan passte nicht immer zu den Versorgungserfordernissen. Ja, es gab zuweilen einen Widerspruch zwischen Planerfüllung und Bedürfnisbefriedigung.

Tücken der Planwirtschaft

Jede geplante Position musste monatlich, im Quartal und jährlich vom Betrieb zur Kombinatsleitung und von der Kombinatsleitung zur SED-Bezirksleitung gemeldet werden. Die SED-Bezirksleitung meldete ans ZK der SED.

Da niemand kritisiert werden wollte, wurden die Meldungen oftmals gefälscht und geschönt. So erhielt das ZK der SED nur rosige Meldungen. Mängel und Hemmnisse wollte man im ZK nicht hören. Im ZK dachte man deshalb, es sei alles in Ordnung im Lande.

Diese starren staatlichen Planvorgaben waren ein großes Hindernis für die Entwicklung. So bekam jede LPG einen Anbauplan vorgegeben. Bei 500 Hektar hieß dies zum Beispiel: 350 ha Getreide, 70 ha Kartoffeln, 40 ha Mais, 20 ha Feldfutter und 20 ha Gemüse.

Eine standortgerechte Produktion nach den günstigsten Bedingungen war mit diesen Vorgaben nicht möglich. Die LPG-Vorsitzenden legten im Landwirtschaftsrat oft Beschwerden ein, beispielsweise darüber, dass es besser wäre, keine Kartoffel anzubauen, da keine siebfähigen Böden vorhanden waren, stattdessen mehr Feldfutter anbauen zu dürfen. Diese Anregungen wurden abgewiesen und die Einhaltung des von oben vorgegebenen Plans gefordert. Die LPG-Vorsitzenden, die inzwischen alle qualifizierte Fachleute mit langjährigen Erfahrungen waren, konnten ihre vernünftigen Vorschläge nicht verwirklichen. Wäre man hier toleranter gewesen, wäre die Gesamteffektivität wesentlich höher ausgefallen.

Eine zweite Konsequenz der sturen Planwirtschaft wurde bei der Weihnachts- und Festtagsversorgung sichtbar. Die Partei legte großen Wert darauf, dass zu Weihnachten genügend Festtagsessen vorhanden war. Da ich Mitglied der Versorgungskommission war, nahm ich an den sogenannten Fleischaktivsitzungen teil, in denen diesbezügliche Beschlüsse gefasst wurden. In diesen Sitzungen waren Vertreter der Nahrungsgüterwirtschaft, vom Handel, vom Rat des Kreises bzw. Rat des Bezirkes der SED-Kreisleitung und oftmals auch ein Vertreter des MfS und des volkseigenen Kühlbetriebes anwesend. Wir tagten unter der Prämisse, dass im Volk keine Diskussionen darüber aufkommen durften, dass zu den Festtagen etwas fehlte – auch weil viele Bürger aus der Bundesrepublik ihre Verwandten im Osten besuchten.

So wurde beschlossen, etwa ab dem 10. Dezember alle beim Kühlbetrieb eingelagerten Köstlichkeiten an den Handel auszuliefern: Wildbret, ungarische Salami, einlagerungsfähige Süßigkeiten, Gänse, Edelfleischteile und Ähnliches. Durch diese gegenüber den anderen Monaten zusätzlich bereitgestellten Nahrungsgüter ging im Monat Dezember der Umsatz an den normalen Fleischteilen bei Rind- und Schweinefleisch zurück.

Im Monat Dezember wurde also weniger Rind- und Schweinefleisch benötigt als in anderen Monaten. Es war nicht möglich, durchzusetzen, dass im Dezember die Schlachtung etwas reduziert und im Januar und Februar wieder vermehrt geschlachtet wurde. Niemand war bereit, nach oben zu melden, dass die Position Schlachtvieh zum Jahresende vielleicht nicht erfüllt werden konnte. So wurde halt geschlachtet. Doch wohin mit dem Fleisch?

Samstags wurden Sonderschichten eingelegt – nur des Planes wegen. Es war Unsinn zum Quadrat, denn das Fleisch wurde nicht gebraucht. Deshalb wurden die Rinderviertel und Schweinehälften in der ganzen Republik herumgefahren und zu den Kühlbetrieben gebracht, damit das Fleisch nicht verdarb. Fleisch verderben zu lassen, wurde hart geahndet.

Das war ökonomischer Unsinn. Jeder rettete seine Haut, egal welche Konsequenzen das für die allgemeine Wirtschaft hatte. Die LPG-Vorsitzenden waren offener, weil sie von den Mitgliedern gewählt wurden und somit durch die Partei nicht abgesetzt werden konnten. Die Leiter in den staatlichen Betrieben jedoch konnten ihre Haut nur retten, indem sie diesen Unsinn mitmachten.

Das Partnerproblem

Vor 1960, muss man wissen, hatten die wenigsten Bauern ein Bad in ihrem Haus. Die Partnersuche erfolgte auf dem Land so, dass man sonnabends zum Tanz ging – meist mit Live-Kapelle. Dort traf sich die Jugend der umliegenden Ortschaften. Obwohl sich jeder Jugendliche aufputzte, roch man, ob ein Junge in einem Handwerks- oder Industriebetrieb oder in der Landwirtschaft arbeitete. Sauber und rein waren die Bauernjungen, doch man roch sie.

Meist wurde schon beim Tanz selektiert. Dass ein Bauernsohn ein Mädchen mit nach Hause nahm, gelang selten. Noch seltener war ein Mädchen bereit, mit einem Bauernsohn ein Leben aufzubauen. Richtig versteht man das nur, wenn man es wie ich hautnah erlebt hat.

Mit der Entwicklung der Landwirtschaft stieg der Lebensstandard, und es wurden Badezimmer in die Häuser eingebaut. So entkam die Landjugend diesem Geruchsjoch. Auch hier hat die Kollektivierung jungen Menschen mehr Segen als Fluch gebracht.

Im Westen unserer Heimat besteht das Problem immer noch, weil sich die Kollektivierung der Landwirtschaft noch nicht durchgesetzt hat.

Am 11. Januar 2014 veröffentlichte *Freies Wort* auf Seite acht folgenden Artikel mit Bild (von Antonia Lange)[18]:

Bauer sucht Frau mit Plakat an der Wand

»Lange Arbeitszeiten, kein Urlaub und körperliche Belastung: Weil ihr Beruf für viele Frauen unattraktiv ist, hat mancher Landwirt Probleme, eine Partnerin zu finden. Einer hat sich nun etwas Ungewöhnliches einfallen lassen.

Freiberg – Roland Geiger hat einen Hof, 20 Hektar Land und ein paar Trecker. Nur eines hat er nicht: eine Frau. Roland Geiger ist Landwirt, 56 Jahre alt und verzweifelt; ›Ohne Frau geht es nicht‹, sagt er. ›So kann ich den Betrieb auf Dauer nicht mehr führen.‹ Und weil Einsamkeit erfinderisch macht, hat er sich etwas Ungewöhnliches einfallen lassen.

An seiner Hauswand prangt ein handgeschriebenes Plakat. Die Aufschrift: ›Bauer ohne Viehhaltung sucht Frau‹. Darunter hat Geiger seine Handynummer geschrieben.

›Fußgänger oder Fremde habe ich schon lachen hören, wenn sie daran vorbeigekommen sind‹, erzählt der 56-jährige, der in der schwäbischen Kleinstadt Freiberg am Neckar zuhause ist. Einen Scherz erlaubt er sich damit aber keineswegs. ›Es ist ja allgemein bekannt, dass Landwirte Probleme haben, eine Frau zu finden‹, sagt er. ›Sie denken, sie müssen bloß arbeiten und haben nicht mehr vom Leben.‹

Jeder vierte Bauer ist Single

Insgesamt sind in Deutschland nach Daten der Sozialversicherung für Landwirtschaft, Forsten und Gartenbau bis zu 27 Prozent der Landwirte Single. In die Statistik fallen allerdings auch Jungbauern und Witwer.

Bauer Geiger, der eine relativ altmodische Vorstellung vom Zusammenleben hat, fügte auf das Plakat als kleinen Trumpf den Zusatz ›ohne Viehhaltung‹ ein. ›Dann kann die Frau nicht mehr sagen, sie muss jeden Tag in den Stall. Wenn, müsste sie höchstens aufs Feld.‹ Geiger baut Mais, Getreide und Zuckerrüben an.«

Wer sich in der Landwirtschaft auskennt, weiß, dass unser Bauer mit 20 Hektar Land ohne Viehwirtschaft nach Abzug der Kosten auf Einnahmen kommt, die nicht über Hartz IV liegen können. Der im Bild gezeigte Bauer, der sicherlich ein tüchtiger und ordentlicher Mensch ist, wird nur schwer eine Lebenspartnerin finden, die mit ihm den bevorstehenden Lebensabend bestreitet. Ich wage nicht, nach seinem Rentenanspruch zu fragen. Es ist nicht zum Lachen. Es ist traurig, dass es in unserem hoch entwickelten Industriestaat derartig rückschrittliche Verhältnisse gibt. Dieses Problem wurde im Osten Deutschlands durch die 1960 vollzogene Zwangskol-

---

18 Lange, Antonia: »Bauer sucht Frau mit Plakat an der Wand«. In: Freies Wort vom 11. Januar 2014, S. 8.

lektivierung gelöst. Es ist heute nur ein Problem der alten Bundesländer.

Die Erhaltung kleinbäuerlicher Betriebe im klassischen Sinne durch Vererbung an die Kinder funktionierte über Jahrhunderte, doch stößt sie heute an Grenzen. Die Vererbung des Grund und Bodens sowie der Gebäude und Materialien ist weiterhin möglich, aber deren Bewirtschaftung nicht.

Die von der heutigen Politik verbreitete Auffassung, dass man von seiner Arbeit leben können soll, gilt für die Bauern nicht. Doch das verschweigt die Politik. Desto mehr diskutiert sie über moderne Produktionseinheiten, die vor allem von den Grünen abgelehnt werden. Diese Laien fordern eine Landwirtschaft wie vor 100 Jahren, wo die Schweine einzeln gehütet wurden. Dabei wird ignoriert, dass man vom Schweinehüten weder leben noch dass jemand ein Kilogramm Fleisch davon bezahlen kann.

Selbstverständlich müssen bei der Fleisch-, Milch- und Eierproduktion in großen Stalleinheiten die tierschutzrechtlichen Parameter eingehalten werden. Selbstverständlich sollte auch darauf geachtet werden, dass die Stalleinheiten nicht zu groß werden. Diese Gefahr bestand auch in der DDR in den 70er-Jahren – man sprach von Gigantismus.

Das Begrenzen von Stalleinheiten kann der Staat durch Gesetze regeln, zum Beispiel über die staatliche Baugenehmigung. Die absolute Freiheit, egal auf welchem Gebiet, sollte es nie geben. Immer sollte das Allgemeinwohl im Mittelpunkt stehen.

In der Regel ist das Verhältnis von Tier- zur Pflanzenproduktion im Osten Deutschlands heute ausgeglichener als in den alten Bundesländern. Im Osten stehen die großen Stallanlagen immer noch in einem einigermaßen gesunden Verhältnis zur Nutzfläche. Es gibt aber schon einige Exzesse: Beispielsweise wurden niederländischen Investoren übergroße Stalleinheiten genehmigt. Die entstandenen Ställe haben ein völlig ungesundes Verhältnis zur Fläche. Eine solche Entwicklung sollte gestoppt werden. Mit dem Gestank müssen ja auch die Bürger in den umliegenden Dörfern leben. Diese Entwicklung sollte durch staatlichen Eingriff begrenzt werden.

In den alten Bundesländern verlief dieser Prozess auch. Dort entwickelte sich die Landschaft territorial jedoch sehr unterschiedlich. Heute gibt es in Norddeutschland mehr Tierproduktion in übergroßen Stalleinheiten (industrielle Mast), die in einem ungünstigen Verhältnis zum Bodenanteil stehen. Daneben gibt es eine Reihe mittelgroßer Bauernwirtschaften, die ihre Familie ernähren. Diese Betriebe liegen heute bei Größenordnungen von 50 bis 200 Hektar – Futterflächen. Da der Boden nicht vermehrbar ist, hat die bäuerliche Mittelschicht ihre maximalen Produktionsflächen über zusätzliche Pachtflächen erreicht. Für Kleinbäuerliche Betriebe ist das meist das Ende landwirtschaftlicher Produktion, weil sie diese Möglichkeiten nicht haben.

Die sozial- und kulturpolitischen Veränderungen

Die Kollektivierung der Landwirtschaft setzte sozialpolitisch völlig neue Maßstäbe.

Noch vor 60 Jahren war die Landbevölkerung als klassische Bauernfamilie strukturiert. Kinder, Eltern und Großeltern lebten unter einem Dach. Es gab getrennte Schlafzimmer und eine Küche – gegessen wurde an einem Tisch. Frühstück, Mittag, Vesper und Abendbrot waren familiäre Rituale, soweit es die Feldarbeiten erlaubten.

Die Kinder gingen diszipliniert in die Schule. Auch in der Erntezeit achtete man darauf, dass die Schule ordnungsgemäß besucht wurde. Oft hatten die Schulkinder einen kilometerlangen Fußweg – wie ich. Die Schule schwänzen, das gab es nicht. Im Ausnahmefall wurde durch die Eltern eine

Freistellung bewirkt. Die Kinder unter sechs Jahren blieben in der Regel zu Hause und wurden von irgendjemand vom Familienclan betreut bzw. mit aufs Feld genommen. Die Großeltern oder Urgroßeltern arbeiteten, so lange sie konnten, mit und verrichteten die Arbeiten, die ihrem Gesundheitszustand entsprachen. Wurden die Alten krank oder pflegebedürftig, wurden sie ebenfalls vom Familienclan gepflegt, betreut und versorgt. Einen Pflegedienst gab es nicht.

Durch die steigende Arbeitsproduktivität zerfiel die bäuerliche Struktur und damit auch die klassisch bäuerliche Familie. Dieser Prozess verlief im Osten ebenso wie im Westen: Im Osten schlagartig ab 1960 durch die Genossenschaften und im Westen schleichend bis heute.

Die rasante Entwicklung im Osten verhinderte, dass in der Familie gekocht, sich um die Vorschulkinder oder um die Pflege nicht mehr arbeitsfähiger Personen gekümmert wurde. Es brauchte effektivere Formen, damit die familiären Bedürfnisse befriedigt wurden. Da die Regelung der sozialen Belange zwingend war, wurde diese Entwicklung vom Staat gestützt und gefördert. Bei diesem sozialpolitischen Reformprozess, der flächendeckend vollzogen wurde, spielte die Ökonomie eine untergeordnete Rolle. Damit meine ich: Mancher Kindergarten bzw. manche Kinderkrippe wurde geschaffen, obwohl die Anzahl der Kinder noch gering war. Ökonomische Überlegungen standen nicht im Vordergrund, sondern die Erfüllung der sozialpolitischen Aufgabe.

In den größeren LPGs und Kooperationsgemeinschaften entstanden Versorgungszentren, in denen Mittagessen gekocht und Kaltverpflegung zubereitet wurde. Diese Großküchen wurden so konzipiert, dass auch die Rentner, egal ob sie in der LPG gearbeitet hatten oder nicht, versorgt werden konnten (siehe Beispiel »LPG Bösleben«). Oft wurden auch die Schule und der Kindergarten von den Küchen mitversorgt.

Die Versorgungseinrichtungen arbeiteten im günstigsten Fall

kostendeckend, wurden oft auch vom Betrieb bezuschusst.

Um die kulturellen Defizite des Landlebens auszugleichen, wurden mit staatlicher Unterstützung große Kulturhäuser gebaut, die sich zu Kulturzentren entwickelten. Die meisten Kulturhäuser kamen in genossenschaftliche oder staatliche Trägerschaft.

Sie erhielten einen großen Küchentrakt, in dem die Warmversorgung produziert wurde.

Alle Kulturhäuser hatten einen gastronomischen Trakt und einen großen Saal. Dort fanden Tanzveranstaltungen für die Landjugend und große Festveranstaltungen statt.

Auch die medizinische Versorgung wurde verbessert. Die LPG-Bäuerinnen und Bauern brauchten nicht Arbeitszeit zu versäumen, um einen Arzt aufzusuchen. Die Allgemeinmediziner hielten in kleinen Stützpunkten auf den Dörfern wöchentlich Sprechstunden ab. In der Regel standen dafür ein bis zwei Zimmer im Gemeindehaus oder in der Gemeindeverwaltung zur Verfügung. Damit wurde jedoch nur die Grundversorgung gewährleistet. Der Arzt besuchte Kranke auch zu Haus. Hatte jemand schwierigere Probleme, wurde er an Fachärzte überwiesen.

Auch Vorsorgeuntersuchungen wurden gut organisiert. Beispielsweise kam in bestimmten Zeitabständen ein Röntgenzug, in dem die Bürger des Ortes auf Tuberkulose usw. geröntgt wurden. Alle Bürger gingen zur Untersuchung. Vorsorgeuntersuchungen gab es auch in den Grundschulen, zum Beispiel auf Herzfehler. Auch Zahnuntersuchungen gab es in den Schulen. Außerdem bestand bei den Kindern eine Impfpflicht. Alle wurden gegen bestimmte Krankheiten geimpft, natürlich auch ich. Nun kann man sich eine Meinung darüber bilden, ob zum Beispiel die Impfpflicht bei Kindern eine Freiheitsverletzung war. Wahrscheinlich ist jede Pflicht eine Verletzung von Freiheiten. Auf die Frage der Freiheit gehe ich später noch einmal ein.

Die Rentenversicherungs- und Krankenversicherungspflicht wurde durch die Kollektivierung neu geregelt. Alle Beschäftigten im genossenschaftlichen Bereich waren kranken- und rentenversicherungspflichtig. Auch bei anfänglichen geringen Einkommensverhältnissen bestand die Renten- und Krankenversicherungspflicht, das heißt, der gesetzliche Anteil zu Renten- und Versicherungspflicht wurde einbehalten und der Rest wurde ausgezahlt. Auch daran musste sich die Landbevölkerung erst gewöhnen.

Bei den Einzelbauern waren ihre Frauen und Kinder – im Falle von Krankheit – mitversichert. Oft hatten Frauen gar keine Rentenversicherung bzw. war nur der Grundbeitragssatz bezahlt worden. Mit der Neuregelung wurde die Grundlage dafür geschaffen, dass die meisten Bäuerinnen und Bauern wesentlich mehr Rente erhalten als die Bäuerinnen und Bauern im Westen, obwohl der Rentenpunktsatz im Westen höher ist als im Osten. Diese Tatsache zu begreifen, fällt heute noch manchem Politiker schwer.

Im Jahr 2000 war ich einige Monate im Bundesland Niedersachsen tätig. Bei dieser Tätigkeit ging es um die vertragliche Absicherung der Abstandsflächen zu einem Windpark. Im Rahmen dieser Tätigkeit wurde ich mehrmals von Bauernehepaaren zu einer Tasse Kaffee eingeladen. In der Regel ging die jüngere Generation zur Arbeit, die landwirtschaftlichen Flächen waren verpachtet, die ältere Generation blieb zu Hause. Die Leute waren zugänglich und offen. Sie erzählten mir, wie viel Rente sie bekommen. In der Regel waren es bei Mann und Frau zusammen unter 800 Euro im Monat. Diese Leute hatten noch eine kleine Hauswirtschaft – Kaninchen und Hühner – und waren zufrieden, denn Miete mussten sie ja nicht zahlen. Im Osten, schätze ich, sind die Renten doppelt so hoch.

Zur Bewirtschaftung des Waldes zwischen 1950 und 1990

Die genossenschaftliche Entwicklung des Waldes hatte zunächst nicht dieselbe Priorität wie die der landwirtschaftlichen Nutzfläche. Seit jeher wurde der Wald von den Bauern als eiserne ökonomische Reserve angesehen: Hatte ein Bauer mal Pech im landwirtschaftlichen Betrieb, oder es kam zu einer Viehseuche, beispielsweise die Maul- und Klauenseuche (MKS), musste der Wald herhalten, um die ökonomische Senke im Betrieb auszugleichen, das heißt, um den Betrieb zu retten. Diesen Vorteil hatten natürlich nur die Bauern, die auch Wald besaßen.

In den rein landwirtschaftlichen Gebieten wie Magdeburger Börde oder Thüringer Becken war der Boden für Waldbestand zu wertvoll. Daher wurde der Boden dort ausschließlich landwirtschaftlich genutzt. In Gebieten wie dem Thüringer Wald, Harz, Erzgebirge und auch in Mecklenburg-Vorpommern nutzten die (Groß-)Bauern oftmals 50 Prozent ihrer Fläche landwirtschaftlich, die anderen 50 Prozent waren Wald und bildeten so die ökonomische Reserve.

Je nach Waldfläche wurden die Bauern mit einer jährlichen Pflichtablieferung (Soll) für Holz beauflagt. Es wurde schriftlich vorgegeben, welches Holz für welche Nutzungsart abgegeben werden musste. Es konnte eine bestimmte Menge an Stammholz, Walzen für die Papierindustrie in Festmeter (fm) oder Brennholz in Raummeter (rm) gefordert werden. Hatte der Bauer eine Ehefrau, die ihm half, konnte er im Winter seine Pflichtablieferungsmenge an Holz selber hauen. War seine Arbeitskräftelage schlecht, musste er das Holz von Holzmacher-Brigaden oder Einzelpersonen hauen lassen. In solch einem Fall blieb für den Waldbesitzer vom Holzerlös kaum noch etwas übrig.

Eine Unterteilung in Sollanteil und sogenannte »Freie Spitzen« gab es bei Holz nicht. Die Bauern behaupteten, dass das Ablieferungssoll an Holz größer sei als der jährliche Zuwachs. Aufgrund der schlechten Arbeitskräftelage bildeten viele Bauern Arbeitsgemeinschaften, um so die forstwirtschaftlichen Arbeiten einigermaßen kostengünstig zu erledigen. Aufgrund der wirtschaftlichen Vorteile, die man in den Arbeitsgemeinschaften erfuhr, entstanden sogenannte Waldgemeinschaften. Es wurden Waldgemeinschaften der VdgB gebildet, die einen Förster mit der Betreuung ihres Waldes beauftragten und den Förster gemeinsam finanzierten. Die Vorteile der Waldgemeinschaften lagen auf der Hand, sodass Mitte der 50er Jahre etwa 80 Prozent der Waldbesitzer in diesen Waldgemeinschaften der VdgB vereinigt waren. Die SED legte Wert darauf, dass sich die Waldbesitzer »freiwillig« zusammenschlossen, wobei Partei und Staatsapparat hier und da mächtig Druck machten.

Die Waldgemeinschaften waren allerdings keine Genossenschaften in der Art der LPGs. Die Bewirtschaftung der einzelnen Waldparzellen erfolgte im Allgemeinen getrennt, das heißt, alle forstwirtschaftlichen Maßnahmen wurden durch Parzellengrenzen bestimmt. Durch die jahrhundertealten Erblinien und die damit verbundene Teilung der Waldflächen waren die Parzellen genauso klein wie die der landwirtschaftlichen Nutzflächen. Dies war ein Hemmnis für die Einrichtung einer modernen und effektiven Forstwirtschaft. Oft waren die Parzellen des Privatwaldes nur einige Meter breit, aber sehr lang. Erst die parzellenlose Bewirtschaftung des Waldes erlaubt forstwirtschaftliche Maßnahmen, die der Beschaffenheit und Qualität der Bestände und des Bodens angepasst sind.

Deshalb wurde beschlossen, das bei den planmäßigen Holzeinschlägen anfallende Brennholz, soweit es nicht der Volkswirtschaft zur Verfügung gestellt wurde, für den Eigenverbrauch an die Waldbesitzer abzugeben. Dafür wurde eine von allen Waldbesitzern gemeinsam erarbeitete Liste über die Ver-

teilung des Brenn- und Nutzholzes erstellt. Die Waldgemeinschaft Löwenberg in Linde hat zum Beispiel die Versorgung
der Waldbesitzer mit Holz für den Eigenverbrauch wie folgt
geregelt:
Jeder der Waldgemeinschaft angeschlossene Waldbesitzer erhält Brenn- und Nutzholz. Dabei spielt es keine Rolle, auf
welcher Parzelle das Holz eingeschlagen wurde.
Das zugewiesene Brenn- und Nutzholz ist dem Eigentümer
der Waldparzelle, auf der das Nutz- und Brennholz eingeschlagen wurde, zu bezahlen.
Die Holzwerbungskosten und allgemeinen Verwaltungskos-
ten (Einschlaggebühren, Flächengebühren) gehen zu Lasten
des jeweiligen Besitzers der Waldparzelle. Dasselbe trifft auch
für die Kosten der Walderneuerung und Waldpflege zu.
Über die ausgegebenen Mengen an Brenn- und Nutzholz für
den Eigenverbrauch der Waldbesitzer wird ein genauer Nachweis geführt, um einen Ausgleich in Bezug auf die Qualität
des verteilten Holzes zu schaffen (zum Beispiel bei stärkeren
und schwächeren Brennholzsorten).
Der besondere Vorteil dieser Regelung bestand darin, dass
alle Waldbesitzer, die sich in Waldgemeinschaften der VdgB
zusammenschlossen, ihren Wald – bezüglich der Durchführung forstlicher Maßnahmen – parzellenlos bewirtschafteten,
dabei aber parzellenweise (besitzerweise) abrechneten.[19]
Am 24. November 1955 wurde eine Verordnung erlassen,
die die Betreuung des Genossenschaft- und Privatwaldes sowie des Waldes anderer juristischer Personen regelte (GBL
102/55). Auf Grundlage dieser Verordnung war der gesamte Genossenschafts- und Privatwald durch Revierförster der
Räte der Kreise, Sachgebiet Forstwirtschaft, zu betreuen.

---

19 Die Bewertung und Bewirtschaftung des Waldes der LPG – herausgegeben vom
    Ministerium für Land- und Forstwirtschaft (zu DDR-Zeiten) HV Forstwirt-
    schaft, S.3.

In vielen Waldgemeinschaften wurde zwischen der Betreuung des Waldes der LPG und dem der Einzelbauern kaum unterschieden, sodass die Vorteile der genossenschaftlichen Produktion nicht genügend in Erscheinung traten, obwohl die besten Voraussetzungen dafür gegeben waren. Um diese bisherigen Mängel zu beseitigen, war es erforderlich:

den Waldbesitz der LPG, sofern er zusammenhängend ist und eine ausreichende Größe (von etwa 500 Hektar) aufweist, aus der jeweiligen Waldgemeinschaft herauszulösen und von einem Förster, der Mitglied der LPG ist, betreuen zu lassen; aus besonders geeigneten Mitgliedern eine Brigade für Waldarbeiten aufzustellen; die Maßnahmen in der Walderneuerung, Waldpflege und Nutzung rechtzeitig und exakt zu planen und laufend abzurechnen; die Bewirtschaftung des Waldes der LPG auf der Grundlage der neuesten wissenschaftlichen Erkenntnisse unter Anwendung moderner Maschinen und Geräte durchzuführen.

Das Ministerium für Land- und Forstwirtschaft bestimmte außerdem:

»Den Waldbaubrigaden soll die Durchführung sämtlicher Arbeiten innerhalb des Waldes der LPG übertragen werden. Deshalb ist es erforderlich, schon bei der Bildung der Waldbaubrigaden in den LPG die speziellen Kenntnisse und die persönliche Eignung der Mitglieder der LPG zu berücksichtigen, denn die Qualifikation ist von ausschlaggebender Bedeutung für das Arbeitsergebnis.«[20]

Weil sich damit die Probleme nicht lösten, wurde nach dem sozialistischen Frühling entschieden, dass der Wald flächendeckend von den LPGs bewirtschaftet werden sollte. Alle vorherigen Regelungen waren Zwischenlösungen und wurden ad acta gelegt. Ab diesem Zeitpunkt war die Bewirtschaftung des

---

20 Die Bewertung und Bewirtschaftung des Waldes der LPG – herausgegeben vom Ministerium für Land- und Forstwirtschaft HV Forstwirtschaft, Seite 21.

Waldes, den die Bauern eingebracht hatten, wieder einheitlich. Die bestehenden Waldgenossenschaften wurden in die gemeinschaftliche Bewirtschaftung durch die LPG mit einbezogen.

Nach 1960 erfolgte eine Waldaufnahme und eine Bewertung des Waldes. Jede Gesamt- oder Teilfläche wurde einer Taxation unterzogen: Größe der Waldfläche, Besitzgruppe, Betriebsart, Holzart, Alter, Bestandsmittelhöhe, mittlerer Brusthöhendurchmesser, Ertragsklasse, Bestandwertgruppe, notwendige Walderneuerung, notwendige Waldpflegemaßnahmen und Nutzungsstufe.

Diese Bestandsaufnahme wurde in der Regel von einem Fachmann vorgenommen. Es war nicht so, wie oft gedacht wird, dass der Wald seinen Besitzern geradewegs und ohne ordentliches Verfahren weggenommen wurde. Jeder Waldbesitzer erhielt ein Protokoll über seine Gesamtfläche und den Gesamtbestand.

Die Bewirtschaftung erfolgte nun über die LPG unter Anleitung eines Försters. Die gesamte Waldbewirtschaftung vollzog sich somit großflächig und parzellenlos. Der einzelne Waldbesitzer durfte nicht selbständig in seinem eigenen Wald Holz ernten, obwohl es laut Grundbuch seine Waldfläche war und blieb. Alles musste genehmigt werden. Dabei konnten die Waldflächen vererbt und verkauft werden. Vorkaufsrecht hatte die LPG.

Als ich 1978 mein Wohnhaus sanierte, errechnete der Architekt, dass ich sage und schreibe 56 Festmeter Stammholz benötigen würde, um die Holzliste zu erstellen. Diesen Bedarf genehmigte mir der LPG-Vorsitzende. Das Stammholz wies mir der Förster zu. Es befand sich nicht auf meinen Waldgrundstücken. Das Holz musste ich auf meine Kosten schlagen und der LPG bezahlen. Der Festmeter kostete circa 60 Mark.

Mit dem Brennholz verhielt es sich ebenso. Die Bewirtschaftung war parzellenlos und hatte dadurch den Vorteil, dass die Pflege- und Aufforstungsarbeiten großräumig geplant und durchgeführt werden konnten. Die Erlöse des gesamten LPG-Waldes gingen in einen Topf. Die Kosten für die Waldbrigaden, Pflege- und Aufforstung wurden abgezogen und der Erlös wurde mit dem zu erbringenden Inventarbeitrag, zum Beispiel 500 Mark je Hektar Waldfläche, verrechnet. Ausgezahlt wurde so gut wie nichts. Allerdings wurden die Einnahmen des LPG-Waldes separat abgerechnet und die Erlöse nicht mit den Gesamteinnahmen der LPG verrechnet und vermischt. Die Waldwirtschaft war eine Sache für sich.

Festzuhalten ist, dass die Waldflächen, genau wie die Landwirtschaftsflächen im Grundbuch, als Besitz der Eigentümer eingetragen blieben. Die Waldflächen konnten vererbt und verkauft werden. Vorkaufsrecht hatte nur die LPG.

Zum Jagdwesen in der DDR

In der DDR galt der Grundsatz: »Die Jagd gehört dem Volke.« Dies ist ein entscheidender Unterschied zu heute: Nach dem jetzt geltenden Bundesjagdgesetz ist die Grundlage der Jagd der Grund und Boden. Das lebendige Wild gehört niemandem. In der DDR gehörte es dem Volke – es war Volkseigentum. Wilderei wurde streng bestraft, denn sie war Diebstahl am Volkseigentum. Noch härtere Strafen gab es für illegalen Waffenbesitz.

Jeder, der in der DDR zur Jagd gehen wollte, musste eine Jägerprüfung ablegen, die den gleichen Schwierigkeitsgrad hatte wie die Erlangung des Jagdscheines heute. Jeder Bürger konnte sich für die Jägerprüfung bewerben und nach Bestehen als Kollektivjäger mit zur Jagd gehen. Dafür gab es nur eine Bedingung: Eine positive Einstellung zur DDR.

Der Jagdschein wurde jährlich durch den Rat des Kreises neu genehmigt. Dafür mussten die Kollektivjäger einen Fragebogen ausfüllen, mit dem festgestellt werden sollte, welche verwandtschaftlichen Verhältnisse man ins Ausland hatte. Es gab viele Kollektivjäger, die Verwandte im kapitalistischen Ausland hatten. Obwohl die Antwort in der Regel keine Konsequenzen hatte, befiel einen beim Ausfüllen ein mulmiges Gefühl in der Magengegend.

Ich kann von einer lustigen Episode berichten: Ein Kollektivjäger hatte einen Bruder, der in Argentinien lebte. Das musste er in dem Fragebogen angeben, sonst hätte dies schlimme Folgen für den Jagdschein haben können. Andererseits hatte seine Tochter während ihres Medizinstudiums in Moskau einen russischen Medizinstudenten geheiratet. Der Kollektivjäger dachte sich: »Das könnte ein Trumpf sein, den ich mit verkaufen muss.«

So schrieb er in den Fragebogen zu der Frage: »Haben Sie Verwandte im kapitalistischen Ausland?«

»Ja, ich habe einen Bruder in Buenos Aires in Argentinien, dafür aber einen Schwiegersohn aus der Sowjetunion.«

Im Jagdkollektiv wurde das herzlich belacht und oft zum Besten gegeben. Sein Jagdschein wurde anstandslos verlängert. So war das halt. Es war ein ungeschriebenes Gesetz, dass ein Jäger linientreu zum Staat steht.

In der Jägerprüfungsausbildung wurde man politisch geschult. Der Anteil an SED-Mitgliedern war hoch, aber auch Mitglieder der Blockparteien waren häufig vertreten. Besonders gern genommen wurden Arbeiter, auch wenn sie parteilos waren. Die Jagd, das jahrhundertealte Privileg der Adligen, konnte völlig unabhängig von Besitzverhältnissen und Einkommen ausgeübt werden.

Die Jagdgebiete waren parzellenlos und gemarkungslos. Unser Jagdgebiet war circa 1000 Hektar groß. Das Jagdgebiet bestand aus Staatsfläche und Privatflächen. Die Jagdgebiete waren genau festgelegt. Jeder Jäger wusste, wo die Jagdgebietsgrenze verläuft. Meist waren das natürliche Grenzen.

Vier bis fünf Jagdgebiete bildeten eine Jagdgesellschaft. Da für ein Jagdgebiet circa acht bis zehn Kollektivjäger zuständig waren, hatte eine Jagdgesellschaft 35 bis 50 Mitglieder. Jede Jagdgesellschaft erhielt für ihr Jagdgebiet einen Abschussplan für Reh- und Rotwild. Schwarzwildabschüsse wurden nicht geplant. Es musste kurz gehalten werden, um Wildschäden zu vermeiden. Trotzdem gab es auch beim Schwarzwild Schon- und Schusszeiten.

Vom erlegten Wild gehörten dem Schützen die Trophäen (Geweih, Gehörn, Keilerwaffen und Grandeln) sowie das kleine Jägerrecht (Leber, Lecker, Herz und Lunge). Außerdem erhielten die Kollektivjäger einen Schützenanteil. Bei Reh- und Rotwild waren das 20 Prozent und bei Schwarzwild 30 Prozent des erlegten Wildbretgewichtes. Ansonsten wurde das erlegte Wild abgegeben und über den staatlichen Forstwirtschaftsbetrieb verwertet. Konnten die Jäger in den eigenen Familien den Schützenanteil nicht verzehren, so konnte das Jagdkollektiv beschließen, einen Teil zu verkaufen. Nach meinem Wissen hat sich nie jemand über diese Regelungen beschwert, was er sich wahrscheinlich auch nicht gewagt hätte. Verpflichtungen wie zum Wildschadenersatz bestanden für die Jäger nicht.

Großes Trara gab es um die Jagdwaffen. 90 Prozent der Waffen waren Kollektivwaffen, meist Doppelflinten. In einem Jagdkollektiv von acht bis zehn Jägern gab es in der Regel eine Kugelwaffe (Drilling) und fünf Doppelflinten. Alle Waffen wurden zentral gelagert. Anfangs bei der Polizei, später bei einem zuverlässigen SED-Genossen, der meist auch im Jagdgebiet wohnte.

Aufgrund des spärlichen Waffenbesatzes konnten also nicht alle Jäger vom Jagdgebiet gleichzeitig auf die Jagd gehen, und schon gar nicht alle mit einer Kugelwaffe. Wer zur Jagd wollte, ging zum Stützpunkt und empfing dort eine Waffe. Dies wurde in einem Buch mit Datum und Uhrzeit dokumentiert.

Nach dem Ansitz musste die Waffe am gleichen Tag abgegeben werden, was im Buch unter Angabe der Uhrzeit festgehalten wurde. Später gab es eine Lockerung: Man konnte bei Nachweis eines Waffenschrankes die Waffe über das Wochenende mit nach Hause nehmen. Nur ganz wenige Jäger besaßen eine Privatwaffe. Die Freigabe einer Privatwaffe wurde unter den Jägern so hoch eingestuft wie eine hohe staatliche Auszeichnung.

Es gab kein hundertprozentiges Vertrauen zwischen der staatlichen Leitung und den Jägern, sonst hätte man diese Spielchen nicht spielen brauchen. Die Geselligkeit unter den Jägern selbst war groß. Es gab jährlich eine Jagdgebietsfeier, zu der auch die Ehefrauen eingeladen wurden; außerdem eine Feier in der Jagdgesellschaft, Jägertanz und vieles mehr.

Was bedeutete die Wende 1989/90 für die Landbevölkerung?

Viele Werktätige, auch Bauern, glaubten: »Jetzt bekommen wir alles: Die konvertierbare Währung, die Reisefreiheit, die Redefreiheit – und die vorhandenen sozialistischen Sicherungssysteme sowie die Arbeitsplätze bleiben unangetastet.«

Diese Hoffnung erfüllte sich bei den meisten nicht. Bewusste Bürger, vor allem die verantwortlichen Leiter in der volkseigenen Industrie sowie in den LPGs überlegten, welche Auswirkungen es auf den Betrieb haben könnte, in dem sie arbeiteten. Viele fragten sich: »1960 hatten wir den sozialistischen Frühling, bekommen wir 1990 den kapitalistischen Frühling?!«

Zur Privatisierung der volkseigenen Wirtschaft wurde eine Treuhand gebildet. Die Maßnahme betraf in vollem Umfang die Nahrungsgüterwirtschaft (also die volkseigenen Betriebe). Unter den Zusagen von künftigen Investoren, dass bei der Übernahme die Arbeitsplätze zum großen Teil erhalten bleiben, wurden die volkseigenen Betriebe für ein Butterbrot privatisiert. Die Filetstücke und solche Betriebe, die zu bereits vorhandenen Betrieben im Westen passten, wurden zuerst privatisiert.

Der Schlachtbetrieb Hildburghausen wurde zum Beispiel für einen Kaufpreis von 191.000 DM verkauft. Das im Nachgang erstellte Wertgutachten belief sich auf 3.700.000 DM. Für Investoren sowie für Abenteurer begann ein paradiesisches Zeitalter, das einmalig in der Geschichte ist.

Viele westliche Agrar- und Wirtschaftsexperten rechneten damit, dass eine ähnliche Entwicklung in der Landwirtschaft vonstattengehen würde. Man meinte, dass viele Genossenschaftsbauern aus den LPGs austreten und privat einen Hof selbstständig betreiben würden. Doch in diesem Punkt haben sich die Vordenker gewaltig geirrt. Die flächendeckende genossenschaftliche Landwirtschaft im Osten, die sich über die vergangenen 30 Jahre gefestigt hatte, zerfiel nicht. Den Bauern war bewusst, was sie zusammen aufgebaut hatten. Außerdem konnten sie rechnen. Sie wussten, dass man mindestens 200 Hektar braucht, um einen Betrieb wirtschaftlich zu führen.

So blieb der Neuanfang auf rein privater Basis bei circa 5 Prozent der Produktion stehen, der zumeist noch extensiv genutzt wird.

Eine Privatisierung der LPGs, so wie es in der Industrie geschah, war nicht möglich, weil der Boden privat war. Der Boden gehörte den LPG-Bauern. Sie waren durch die Kollektivierung nicht enteignet worden. So wurden die sogenannten LPG-Gesetze umgeändert nach dem Genossenschaftsrecht des BGB und die Betriebe liefen als genossenschaftliche Agrarbetriebe weiter. Alle innerbetrieblichen Gesetze können die Mitglieder selbst beschließen. Es ist ein Glück, dass diese überwiegend leistungsfähigen Agrargenossenschaften nicht zerschlagen werden konnten. So konnten auch viele soziale Vorteile, die das Genossenschaftswesen hervorbrachte, erhalten bleiben.

Privatisiert durch die Bodenverwertungsgesellschaft wurde und wird nur der Boden, der staatlich war, das heißt Boden von Staatsgütern, Versuchsgütern usw. Dies gilt ebenso für die Waldfläche.

Den Begriff »Bauer« oder »Genossenschaftsbauer« benutzt heute niemand mehr. Es heißt einfach: »Ich arbeite in der Agrargenossenschaft.«

Die Arbeitsleistung ist das Hauptkriterium der Vergütung. Auch ein Arbeiter, der keine Pachtflächen eingebracht hat, erhält bei gleicher Leistung den gleichen Lohn.

Der eingebrachte Boden wird gesondert durch den Pachtzins vergütet. Die Höhe des Pachtzinses ist von Betrieb zu Betrieb unterschiedlich, richtet sich nach dem Ertragswert und Mechanisierungsgrad und schwankt zwischen 70 und 350 Euro je Hektar, soweit mir bekannt ist. Bei uns beträgt der Pachtzins 67 Euro je Hektar. Bei schlechten Bodenwertzahlen liegt der Pachtzins unter 40 Euro. Auch Höhenlagen bis 550 NN und zu verzeichnende stärkere Hangneigungen erlauben keinen höheren Pachtzins.

Ob dieser niedrige Pachtzins gerechtfertigt ist oder nicht, habe ich noch nicht näher untersucht. Die Zahlung des Pachtzinses ist unabhängig davon, ob der Besitzer des Bodens heute noch in der Agrargenossenschaft arbeitet oder nicht.

Die Bedeutung der Flurbereinigung in den neuen Bundesländern

Von grundlegender Bedeutung für den Umgang mit Bodenreformland ist die *Gemeinsame Erklärung der Regierungen der Bundesrepublik Deutschland und der Deutschen Demokratischen Republik zur Regelung offener Vermögensfragen* vom 15.

Juni 1990. Darin haben sich beide deutsche Regierungen verständigt, dass die Enteignungen auf besatzungsrechtlicher bzw. besatzungshoheitlicher Grundlage (1945 bis 1949), mithin auch die Bodenreform-Enteignungen, nicht mehr rückgängig zu machen sind.[21]

In den neuen Bundesländern wurde nach den LPG-Gründungen ein Zustand geschaffen, der aus wirtschaftlicher Sicht nicht unbedingt Flurbereinigungsmaßnahmen erforderte, ausgenommen Maßnahmen zum Ausbau des Hauptflurwegenetzes. Die Sicherung des Privateigentums erfordert auch nicht unbedingt Flurbereinigungen. Als einziger Vorteil erlaubt eine abgeschlossene Flurbereinigung, dass der Eigentümer seine Grundstücke an eine andere Agrargenossenschaft leichter verpachten könnte. Eine so entstehende Hupferei von Pachtflächen kann aber nicht Ziel der Agrarpolitik sein.

In der Praxis gibt es in den neuen Bundesländern keine Parzellenwirtschaft mehr. Die Parzellenwirtschaft gibt es jedoch in der Theorie, die in den Grundbüchern verankert ist, und daran wurde auch in der DDR-Zeit nichts geändert. So kann man annehmen, dass ein 20-Hektar-Betrieb oft in 40 Grundstücke zerteilt war. Eine Weitergabe dieses Parzellenbetriebes an einen anderen Bewirtschafter als die Agrargenossenschaft ist somit quasi schwierig.

Meiner Meinung nach ist eine Weitergabe an andere Bewirtschafter nicht sinnvoll. Die theoretische Möglichkeit muss jedoch dem Grund- und Bodenbesitzer gegeben sein. Nach einer abgeschlossenen Flurbereinigung hätte unser Landwirt mit einem 20-Hektar-Betrieb mit 40 bis 50 Grundstücksparzellen vielleicht noch vier bis fünf Parzellen. Die Verpachtung der kleinen Parzellen wäre zusätzlich mit der notwendigen Bedingung verknüpft, dass jede Parzelle einen Wirtschafts-

---

21 »Die agrarstrukturelle Entwicklung in den neuen Bundesländern« von Karl-Friedrich Thöne, S. 43.

wegezugang bekommen müsste. Dann wäre eine weitere Verpachtung an einen anderen Bewirtschafter möglich. Theoretisch.

Um weiteren wirtschaftlichen Schaden zu vermeiden, plädiere ich dafür, dass die bereinigten Grundstücke möglichst nur mit einem Katasterweg zugänglich gemacht werden, da die Verpachtung an einen anderen Bewirtschafter meist Theorie bleibt. Eine Neuordnung sollte sich zur Prämisse setzen, so wenig Wege wie möglich auszubauen, da eine kleinbäuerliche Bewirtschaftung nicht wiederkommen kann. Trotzdem spielt die Flurbereinigung heute in Thüringen eine große Rolle.

Folgende Übersicht zeigt den Stand der Flurbereinigung in Thüringen:

Flurbereinigungsverfahren Thüringen (Stand Februar 2014)[22]:

	Anzahl	Verfahrensfläche (ha)	Anzahl Flurstücke
Derzeit laufende Flurbereinigungsverfahren nach dem Flurbereinigungsgesetz	173	106.397	205.398
Verbindlich neu anzuordnende Verfahren	5	1.530	3.304
Bisher abgeschlossene Verfahren nach dem Flurbereinigungsgesetz	25	1.906	4.760

22 Quelle: Landentwicklung Thüringen – online: http://prod.landentwicklung-online-neu.thueringen.de/?pid=1&id=313 [Abruf: Januar 2014].

Weitere laufende Verfahren (Stand Januar 2014):

Freiwilliger Landtausch	61 Verfahren	1225 ha
Verfahren nach dem Landwirtschaftsanpassungs-gesetz (Zusammenführung getrenntes Gebäude- und Grundstückseigentum)	105 Verfahren	1929 ha

Bei den Flurbereinigungen trägt das Land die Verfahrenskosten, bei den Ausführungskosten muss der Grund- und Bodenbesitzer mit circa 2.000 Euro pro Hektar rechnen.

Gegenwärtig beträgt die Zeitdauer eines Verfahrens etwa zwanzig Jahre. Zielstellung sollten jedoch zehn Jahre sein. Es fehlt an Geld und an Fachkräften. Unabhängig von der Dauer, bis ein Verfahren zum Abschluss kommt, kann jedoch die Bewirtschaftung der Flächen durch die Agrargenossenschaft problemlos erfolgen.

Die Landwirtschaft nach der Wende: ein Fazit

Im Jahr 1999 kam ein Bus voll Beamter und Mitarbeiter der Behörde für Flurbereinigung und Landentwicklung des Bundeslandes Rheinland-Pfalz für einige Tage nach Thüringen zum Erfahrungsaustausch. Vom Verband für Landentwicklung und Flurneuordnung des Landes Thüringen, in dem ich viele Jahre Mitglied des Vorstandes war, bekam ich den Auftrag, die Gäste zu betreuen. Den Kollegen aus Rheinland-Pfalz wurde tagsüber die Entwicklung der Landwirtschaft in Thüringen erläutert. Untergebracht waren sie in einer Pension, die zur Agrargenossenschaft Bösleben gehörte.

In Bösleben wurden Informationsgespräche und Schulungen durchgeführt und unsere Gäste versorgt.

Bei den zwanglosen Gesprächen nach dem Abendessen saß ich mit einigen Gästen am Tisch und wir diskutierten die Entwicklung in Rheinland-Pfalz und Thüringen. Die Anbaukulturen (in Rheinland-Pfalz vorwiegend Wein), die Betriebsgrößen und vor allem die Entwicklung im Dorf waren sehr verschieden. In Thüringen liegen die Betriebsgrößen zwischen 500 und 2000 Hektar, in Rheinland-Pfalz durchschnittlich bei 40 Hektar. In Bösleben hatte die LPG eine große Küche, die kochte für die eigene Belegschaft, für die Rentner im Dorf, für Kindergarten und Schule.

Mit Erstaunen hörten unsere Gäste von diesen Dingen. Ein Gast fragte: »Sollte so etwas bei uns nicht auch möglich sein?« Nach heftigen Diskussionen waren wir uns einig, dass eine vergleichbare Entwicklung auf dem Lande in Rheinland-Pfalz zurzeit nicht möglich ist. Weil die Leute an ihrer Scholle hängen und nicht gemeinschaftlich wirtschaften wollen. Mit demokratischer Freiwilligkeit ist eine solche Entwicklung nicht durchsetzbar. Der Prozess würde hundert Jahre dauern.

Deshalb ist eine sachliche Diskussion über die unterschiedliche Entwicklung der Landwirtschaft in Deutschland Ost und West ohne Kenntnis der politischen Zusammenhänge nicht zu führen. Oft höre ich Bürger aus den alten Bundesländern, die meinen, wir hätten uns vierzig Jahre lang falsch verhalten und sie wüssten, wie sie es anders gemacht hätten. Diese Anschauung beruht auf Unkenntnis und Nachplappern von Medienberichten. Ich bin der Letzte, der sich gegen die Einhaltung von Menschenrechten aussprechen würde, aber ich bin Realist und weiß, dass ohne die Herrschaft der SED und ohne Druck eine so schnelle sozialistische Entwicklung nicht möglich gewesen wäre.

Im Jahr 1989 verfügte die LPG Bösleben laut ihrem Vorsitzenden Herrn Erlem über eine Bewirtschaftungsfläche von

7200 Hektar, davon 6000 Hektar Ackerland und 1200 Hektar Futterfläche.

Es gab eine zwischenbetriebliche Einrichtung (ZBE) mit 2000 Milchkühen, wovon die LPG Bösleben 50 Prozent Anteil besaß. Weiterhin hatte die LPG eine 600er-Milchviehanlage in Wüllersleben und eine 600er-Anlage in Elxleben. Daraus ergibt sich ein Eigenbestand von 2200 Milchkühen. Ferner hatten sie 5000 Schafe und 700 Muttersauen, dazu die Läufer und Mast. Die 700 Muttersauen brachten 12.600 Ferkel zur Welt, die im eigenen Betrieb über die Stufenproduktion zu Läufern und Schlachtschweinen gemästet wurden.

Die Küchengemeinschaftseinrichtung produzierte täglich 500 Portionen warmes Essen. Damit wurde die Belegschaft und die gesamte Dorfbevölkerung versorgt. Der Essenpreis betrug eine DDR-Mark.

Am 1. Oktober 1990 wurde die LPG Bösleben in die AGRAR Genossenschaft Bösleben e.G. umgewandelt. Die Rechtsform änderte sich – vom LPG-Recht zum BGB-Genossenschaftsrecht. Die Produktionsstruktur wurde den Marktbedingungen angepasst und die einzelnen Betriebsteile in betriebswirtschaftlich selbständige Unternehmen umgewandelt. Die eingetragene Genossenschaft bewirtschaftet im Unternehmensverbund 5200 Hektar und bietet 165 Beschäftigten Arbeit. Das Unternehmen besteht aus 178 Mitgliedern.

Durch diese Umgestaltung entstand ein vielseitiges Unternehmen. Dieses beschäftigt sich neben der Pflanzen- und Tierproduktion auch mit der Verarbeitung, Dienstleistung und Vermarktung, wie zum Beispiel der Fleisch- und Wurstverarbeitung, ein Partyservice wird angeboten, die Bauernscheune, Großküche, Haus-, Hof- und Gartenmärkte, Getreide- und Kartoffelhandel, Futter für Klein- und Großbetriebe. Für ihre Produkte garantiert die Agrargenossenschaft eine hohe Qualität und erhielt die Zertifizierung DIN EN ISO 9001: 2000 – 12 gemäß CMA-Qualitätsprüfung.

Den neuen Herausforderungen, vor die die Agrargenossenschaft durch die Agrarpolitik der EU gestellt ist, tritt sie ent-
gegen und will auch weiterhin für alle Beschäftigten und Genossenschaftsmitglieder einen hohen Ertrag sichern.

Auf dem Lande ist die Entstehung eines großen Betriebes
(egal ob es ein landwirtschaftlicher Betrieb ist oder ein Industriebetrieb) ohne Einbeziehung der ländlichen Bevölkerung
oder der kleinen Kommunen undenkbar. Je enger die Verzahnung, umso besser für die Allgemeinheit.

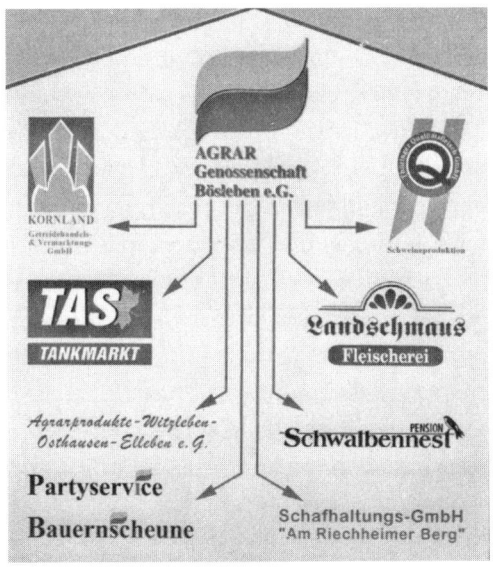

Diese Feststellung ist meines Erachtens unabhängig vom politischen System. Das kommt auch in den neuesten Förder-
programmen für den ländlichen Raum zum Ausdruck (För-
derrichtlinien für die Dorferneuerung, Leader-Programm
usw.). Diese Richtlinien erlauben es nicht mehr, den höchsten
Fördermitteleinsatz für ein einzelnes Gebäude oder Objekt
einzusetzen, sondern dieser muss für ein Gebiet bzw. ein Territorium verwendet werden. Kommunen sollen in ihrer Kom-

plexität erkannt und berücksichtigt werden. Letztlich dient dieses Herangehen dem Frieden im Dorf oder der Kommune. Gleichzeitig sichert sich das Unternehmen dadurch den Arbeitskräftenachwuchs. Das Unternehmen bleibt populär und bekannt.

Ein Blick in die Zukunft

Einen Ausblick zu geben, ist schwer. Denn meistens kommt es anders, als man denkt. Das Allerwichtigste ist, dass wir den Weltfrieden erhalten und es nicht zu großen kriegerischen Auseinandersetzungen kommt.

Als 1991 der privatisierte Schlachtbetrieb in Hildburghausen (ab 1990 TAAM Schlachthof- und Handelsgesellschaft) einen größeren Rindfleischexport nach Ägypten durchführte, stellte ich fest, dass der Weltmarktpreis für Rindfleisch (zerlegt, sortiert und verpackt, gefrostet – handelsfähig) ungefähr ein Drittel unter dem EU-Inlandspreis lag. Da der Export von der EU gewollt war, erhielt unser Betrieb die Differenz als Subvention von Brüssel. Daraus muss ich schlussfolgern, dass in vielen Gebieten der Welt noch effektiver und billiger produziert wird als in Europa bzw. in Deutschland.

Die Produktionsbedingungen in den USA, Neuseeland, Australien und Russland sind auch flächenmäßig und klimamäßig teilweise günstiger als in Europa. Trotzdem, denke ich, brauchen wir uns nicht zu sorgen. Die in diesen Gebieten produzierten Mengen können die Weltbevölkerung nicht versorgen.

Wenn wir unsere Landwirtschaft effektiv gestalten, mit Betriebsgrößen von 500 bis mehreren 1000 Hektar, bleiben wir wettbewerbsfähig.

Die aus der LPG entstandenen Agrargenossenschaften werden die Herausforderungen (zum Beispiel das vorgesehene Freihandelsabkommen mit den USA) am besten überleben und überstehen.

Ernst Junghanns

Die LPG –
erst Fluch, dann Segen

Vorwort von Juliane Jürk

Mein Vater Ernst Junghanns konnte mit seinen über neunzig Jahren auf ein bewegtes Leben zurückblicken. Meine drei
Schwestern und ich liebten es, seinen Geschichten zu lau-
schen. So war es eine glückliche Entscheidung, unseren Vater
zu überreden, seine Lebenserinnerungen schriftlich festzuhalten. Mit diesem Vorhaben wandten wir uns an die Firma Rohnstock Biografien. Von Juni 2007 bis Februar 2008
entstand auf der Grundlage seiner Erzählungen ein spannend
geschriebenes und schön gestaltetes Buch.
Dem Autobiografiker Dietmar Bender, der diese Erinnerungen in akribischer Arbeit zwischen zwei Buchdeckel brachte,
öffnete sich unser Vater erstaunlich schnell und vertrauens-
voll. Wir sind uns bis heute sicher, dass nicht ein einziger in
dieses Projekt investierte Euro umsonst war. Im Gegenteil!
Neben den niedergeschriebenen Geschichten war auch der
Entstehungsprozess in vielerlei Hinsicht ein Gewinn für die
ganze Familie. Unserem Vater tat es nicht nur gut, sich an sein
schaffens- und ergebnisreiches Leben zu erinnern, sondern
es schien vielmehr so, als entspringe aus der Auseinanderset-
zung mit der Vergangenheit ein zusätzlicher Lebenswille in
der schweren Zeit nach dem Tod seiner lieben Frau, unserer
Mutter. Er war überrascht von dem ehrlichen Interesse der
Familie an dem Schatz seiner Erinnerungen, der bislang – aus

welchen Gründen auch immer – nicht gehoben worden war. Die zahlreichen Reaktionen, Gesprächswünsche und Besuche von Mitstreitern aus der LPG-Zeit, die sich aus der Buchpräsentation im Jahr 2008 ergaben, erfüllten ihn mit Freude. Er erkannte darin schließlich eine Wertschätzung seiner Lebensleistung.

In den letzten Wochen seines Lebens ließ sich unser Vater gerne etwas von uns aus seinem Buch vorlesen. Im Juli 2014 konnte er schließlich mit der Gewissheit sterben, etwas Bleibendes für seine Nachkommen hinterlassen zu haben. Für uns ist das Buch ein unheimlich wertvolles Zeugnis, das uns nachfolgenden Generationen den Blick auf unsere Herkunft erlaubt.

Mein Vater ist in Gessen geboren, einem kleinen Dorf in Thüringen, das es heute nicht mehr gibt. Um 1900 lebten hier etwa einhundert Einwohner. Nach dem Zweiten Weltkrieg kamen viele Flüchtlinge nach Gessen. Vor allem viele Umsiedler aus den Ostgebieten haben sich hier niedergelassen.

Der Landwirtschaftsbetrieb meines Großvaters Iwan Junghanns war mit 23,92 Hektar Nutzfläche und etwa 2,5 Hektar Wald der größte von zwölf Vollerwerbsbetrieben im Ort. Mein Großvater hatte den Hof und die Äcker von seinem Vater Albin übernommen, der in Stolzenberg bei Ronneburg ebenfalls als Sohn von Bauern aufgewachsen war. Unter den Einwohnern gab es viele alteingesessene Landwirte, dazu Gastwirte, Schrankenwirte, einen Müllermeister und einen Schneidermeister. Urgroßvater Albin hatte mit dem Eigentümer des Ritterguts Kauern und einigen zukunftsoffenen Bauern die *Interessengemeinschaft Osterland* gegründet. Durch diesen Zusammenschluss bekam unser Ort einen elektrischen Anschluss, sodass in den Betrieben neben Licht auch Kraftstrom zur Verfügung stand. Kurz vor der Jahrhundertwende war dies der Beginn der technischen Revolution auf dem Land.

Gemeinschaftssinn wurde in Gessen großgeschrieben. Sich gegenseitig zu helfen und einen gutnachbarlichen Umgang miteinander zu pflegen, war selbstverständlich. Eine Gemeindeordnung im Dorf förderte diesen Geist noch zusätzlich. So wurde jeder männliche Gessener Bürger über sechzehn Jahre zum Winterdienst verpflichtet, es sei denn, er war krank. Pferdehalter fuhren den Schneepflug, und wo das nicht möglich war, wurde von Hand geräumt – natürlich alles ohne Entgelt. Für den Bau der Straßen war ebenfalls die Gemeinschaft zuständig. Auch bei Ausbruch eines Feuers bewährte sich der Zusammenhalt im Dorf: Ob in Gessen oder in den Nachbardörfern – bei Alarm rückten die Pferdehalter aus, um die Freiwillige Feuerwehr und die Spritzen zum Einsatzort zu bringen. Wenn sich Bürger weigerten, an den Gemeindearbeiten teilzunehmen, wurden sie nach festen Stunden- oder Tagessätzen zur Kasse gebeten. Bei Streitigkeiten auf den Feldern und in deren Umgebung entschied der »Feldgeschworene«. Anhand der Flurkarte und der Lagesteine wurden diese Unstimmigkeiten ohne Gericht geregelt.

Zu Urgroßvater Albins Ärger war Großvater Iwan ein moderner Bauer. Um 1924 trat er dem *Versuchsring* bei, einer bäuerlichen Fachvereinigung. Deren Mitglieder erklärten sich bereit, auf unterschiedlichen Bodenarten und unter verschiedenen klimatischen Bedingungen Versuche in der Düngung, der Tierzucht und mit dem Saatgut durchzuführen, auf eigene Kosten. Zudem verpflichteten sich die Bauern freiwillig zur Kontrolle ihrer Kühe auf Milch- und Fettleistung und zur Futterberatung. Jeden Donnerstag in der Zeit von neun bis elf Uhr werteten sie die Ergebnisse in der Ronneburger *Gaststätte zur Börse* aus und die Erfolge stellten sich bald ein.

Meist waren zwei Lehrmädchen und ein junger Kutscher auf dem Hof, die dort lernten und die Familie bei der Arbeit unterstützten. Oft kamen sie aus der Region um Zeitz. Es hatte sich herumgesprochen, dass es »bei denen gut auszuhalten«

sei. Großvater Iwan, 1883 als eines von elf Geschwistern geboren, stellte sowohl an sich selbst als auch an die Mitarbeiter auf seinem Hof hohe Anforderungen: »Keiner muss schneller arbeiten als ich, aber auch keiner langsamer. Keiner muss mehr tun als ich, aber auch keiner weniger«, war sein Motto. Er achtete streng auf die Einhaltung dieser Richtlinien. Als Betriebsleiter hatte er damit auch sicher recht. Trotzdem blieb am Ende nicht viel übrig. Um 1930 brachte ein Ei zwischen drei und fünf Pfennig ein, zweihundertfünfzig Gramm Butter fünfzig Pfennig, fünfzig Kilogramm Lebendschwein dreißig bis fünfunddreißig Mark, fünfzig Kilogramm Hafer acht, Weizen zehn und Roggen neun Mark. Die Wünsche der Familie mussten sich nach dem Gewinn richten – also gab es nicht viel zu wünschen. Auch mein Vater und seine beiden Geschwister wurden selbstverständlich in die Arbeit auf dem Feld und in den Ställen mit eingebunden. Sie fütterten die Kleintiere, sammelten die Eier aus dem Hühnerstall und lasen Fallobst auf. Noch im Vorschulalter erledigten sie verschiedene Wege für ihre Eltern, gingen einkaufen, brachten das Frühstück oder das Vesper auf das Feld und halfen beim Rübenvereinzeln. Als Fünf- oder Sechsjährige bei Hitze, Regen oder Kälte auf dem Acker zu arbeiten, war sicher kein Vergnügen. Doch es ging nicht darum, was gefiel und was nicht. Die Arbeit musste getan werden. Als ihr Chef gab Großvater Iwan »Befehle«, die zu befolgen waren. Lob erhielten die Kinder dagegen kaum. Wenn auf dem Acker das dritte Pferd gebraucht wurde, bekam das Kind, das gerade abkömmlich war, den Auftrag, es aus dem Stall zu holen – für ein Vorschulkind kein leichtes Spiel. Großvater besaß große Ostfriesen mit etwa 1,80 Meter Widerristhöhe, sodass mein Vater daneben wie ein Zwerg gewirkt haben muss.

1936 kaufte Großvater Iwan einen modernen Traktor mit Zapfwelle und Mähbalken sowie einen *Opel Olympia* mit anderthalb Litern Hubraum.

Auch hier galt: »Ein Auto ist kein Luxusobjekt, sondern ein Gebrauchsfahrzeug.« Demnach wurde es hauptsächlich für den landwirtschaftlichen Betrieb genutzt. Den Luxus einer Oberschulbildung aber leisteten sich meine Großeltern und schickten ihre drei Kinder auf die kostenpflichtige Schiller-schule in Ronneburg. Insgesamt gingen 36 Jungen mit mei-nem Vater in die Klasse, von denen nach dem Krieg nur vier wieder nach Hause zurückkehrten. Als er seine Lebensge-schichte aufschreiben ließ, war mein Vater der letzte Zeitzeu-ge aus seinem Jahrgang.

Vorboten dieses Krieges kamen auch in Gessen und Umgebung an. Nach dem Jugoslawienfeldzug 1941 wurde in Schmirchau ein Gefangenenlager mit Serben und Kroaten eingerichtet. Tagsüber arbeiteten sie auf den Höfen in der Region, wie der Serbe Jura, der Iwans Nachbarn Gerth zugeteilt war und den von dort eingezogenen Bauern gut vertrat. Jeden Morgen wur-den sie unter der Aufsicht eines Landesschützen auf die Felder gebracht und abends wieder abgeholt. Später mussten diese Männer sogar auf deutscher Seite mit in den Krieg ziehen. Auch mein Vater wurde nach der Landwirtschaftsschule mit siebzehneinhalb Jahren vom Militär eingezogen.

Hitlers Maschinerie hatte sich längst in Bewegung gesetzt. Die meisten Lehrlingsmitschüler meines Vaters starben für »Führer, Volk und Vaterland«. Mein Vater jedoch überlebte. Noch im Mai 1945, unmittelbar nach Kriegsende, zahlte sich die gute Behandlung der serbischen und kroatischen Zwangs-arbeiter in unserem Dorf aus. Meine Großmutter erzählte, dass sie in den chaotischen Wochen nach dem Zusammen-bruch des Naziregimes die Funktion der Ortspolizei über-nommen hatten. Kein Bewohner in Gessen wurde in dieser Zeit beraubt oder angegriffen. Nicht zuletzt war dies auch ein Verdienst von Bürgermeister Ernst Kratzsch. Einst hatte er der USPD angehört und war dann Mitglied der KPD gewor-den. Als 1939 der damalige Bürgermeister Willi Funke eingezogen wurde, suchten die Einwohner krampfhaft nach einem neuen, denn das Amt war nicht besonders beliebt. Niemand wollte es ausüben. Schließlich übernahm der »alte Kratzsch« diesen Posten. Für den kleinen Ort war das ein großes Glück. Ernst Kratzsch setzte sich für die Einwohner ein und rettete manch einem sogar das Leben. Nach Kriegsende wurde er bald abgesetzt, angeblich aus Altersgründen. Als neuer Bürgermeister nahm nun Gerhard Helzig die Geschicke Gessens in die Hand, ohne von den Bürgern gewählt worden zu sein. Der neue Ortschef, kurze Zeit darauf auch SED-Mitglied, entpuppte sich zum Unmut der Gessener als Machtmensch. Seine Selbstherrlichkeit fiel ihm allerdings später auf die Füße: Er wurde wegen Betrugs verurteilt und war, wie sich herausstellte, seit 1930 Mitglied der NSDAP und seit 1933 Berufssoldat unter Hitler gewesen. So hatte die SED, wenn auch unwissentlich, einen verdienten Kommunisten durch einen »verdienten« Nazi ersetzt.

Im Zuge der Bodenreform 1947 wurden viele Rittergüter abgerissen, ganz gleich, in welchem baulichen Zustand sie sich befanden. Hatten sie die Güter einst in Fronarbeit errichten müssen, erhielten die Bauern nun die Anordnung, den Abriss selbst durchzuführen.

Auch das Rittergut Kauern gehörte dazu. Dessen Eigentümer Reichhard, der damals mit seinem Besitz für Großvater Iwans *Interessengemeinschaft Osterland* gebürgt hatte, steckte seine Gewinne stets in den Betrieb. Doch obwohl es mit einer vorzüglichen Bausubstanz ausgestattet war, erging der Befehl dieses Gut abzureißen. Dabei wären die Gebäude für eine nachfolgende LPG sehr nützlich gewesen, zumal sie erst 1939 neu erbaut worden waren. Trotz anfänglicher Weigerung der Bauern wurde es schließlich abgerissen und das Abbruchmaterial zum Bau neuer Siedlungen genutzt.

Auf dem großväterlichen Hof wurden indes alle Hände gebraucht, um den Betrieb am Laufen zu halten. Für meinen

Vater blieb nach seiner Rückkehr aus einem amerikanischen Gefangenenlager im September 1945 kein Zimmer übrig, da auf dem Gut viele Flüchtlinge wohnten. Jeder Raum, der halbwegs bewohnbar war, wurde genutzt. Nach Kriegsende lebten rund 170 Leute im Dorf. So bewohnte mein Vater mit seiner Frau Elfriede ein Zimmer in der oberen Etage ihres Elternhauses in Kauern. Meine Eltern kannten sich bereits aus Kindertagen. Nach den Wirren des Krieges, in denen kaum Zeit gewesen war, sich näher zu kommen, ergriff mein Vater dennoch die Initiative. Sie heirateten am 17. März 1949, als sich bereits meine große Schwester Christina ankündigte. Auch meine kleinere Schwester Rosemarie und ich kamen in der Kauerner Zeit zur Welt. Sobald meine Mutter aufstehen konnte, versuchte sie, auf dem Hof ihrer Eltern mitzuarbeiten. Sie melkte die Kühe und brachte die Milch zur Rampe. Dazu wurde sie von ihren Eltern zwar nicht gedrängt, aber da wir dort mietfrei wohnten, war es für sie selbstverständlich, ihnen zu helfen. Während sich meine Mutter bei ihren Eltern Oswin und Welly Bräunlich sehr gut aufgehoben fühlte, arbeitete mein Vater weiter auf Iwans Hof. Im Sommer fuhr er morgens um vier Uhr dreißig mit dem Rad oder dem Motorrad in den väterlichen Betrieb und kam zwischen neunzehn und neunzehn Uhr dreißig wieder nach Kauern.

1952 begann Großvater Iwan in Richtung des Tals ein neues Haus zu bauen. Er war mittlerweile siebzig und langsam zu alt, den Landwirtschaftsbetrieb zu führen. Im Herbst 1953 zogen wir daher in meines Vaters Elternhaus und mein Vater übernahm den Hof. Ein Jahr nach unserem Umzug kündigte sich erneut Nachwuchs an. Annette, meine jüngste Schwester, kam am 4. Oktober 1954 zur Welt. Jetzt waren wir komplett. Die Geschichte aber, die hier erzählt werden soll, ist die meines Vaters Ernst und die seines Vaters Iwan in der LPG. Sie beginnt ein wenig vor meiner Zeit, nach dem Ende des Zweiten Weltkrieges.

Die hohe Abgabenpflicht
zwingt uns in die Knie

Als sich die Verhältnisse in den Nachkriegsmonaten etwas geordnet hatten, stand mein Vater Iwan als Klassenfeind da und der Status des Großbauern führte beinahe zwangsläufig zum allmählichen Ruin unseres Hofes. Je größer der Betrieb war, desto höher war auch die Abgabenpflicht je Hektar und Gewicht. Damit verringerte sich – im Vergleich zu kleineren Betrieben unter zehn Hektar Größe – der Anteil »freier Spitzen«, also jener Produkte, die frei veräußert oder für den Eigenbedarf produziert werden konnten. Unser Hof erhielt lediglich für Milch freie Spitzen.

Auch die Kosten für die Hilfe der *Maschinenausleih- und Technikstationen* (MTS) stieg mit der Größe des Betriebs, vorausgesetzt, der jeweilige MTS-Direktor gestattete es überhaupt, dass Technik an Großbauern verliehen wurde. Für die gleiche Arbeitsleistung wurden einem sechs Hektar großen Betrieb zwanzig Mark, einem Großbauern fünfzig und einem Betrieb über fünfzig Hektar sogar achtzig bis einhundert Mark berechnet.

Etliche Landwirtschaftsbetriebe hielten sich nur mühsam über Wasser. Selbst erfahrene Bauern wie Jährling und Heinecke mussten aufgeben.

Mit Gründung der Landwirtschaftlichen Produktionsgenossenschaften (LPG) Anfang der fünfziger Jahre wurden wiederum die kleinen Betriebe bevorzugt. Dabei handelte es sich meist um jene Bauern, die mit ihren Einzelwirtschaften kaum erfolgreich gewesen waren, aber nun in der Genossenschaft ihr Glück versuchten. Als »Pioniere des Neuen« wurden sie zu Vorreitern der sozialistischen Landwirtschaft ernannt, als Vorstandsmitglieder eingesetzt und vom Staat gefördert.

Da er selbst einen großen Hof bewirtschaftete, war meinem Vater die Idee der LPG zwar nicht von Natur aus fremd, sich einer derartigen Leitung unterzuordnen kam für ihn dennoch nicht in Frage. Es stimmte ihn skeptisch, dass Leute aus der Industrie über die Dörfer zogen und die Vorteile der sozialistischen Landwirtschaft priesen. Wir hätten uns auch nicht angemaßt, in die Industriebetriebe zu gehen und den Arbeitern zu sagen, was am besten für sie ist.

Viele ärgerten sich über die anmaßende staatliche Propaganda. Manch ein erfahrener Bauer nahm sich sogar das Leben, weil er den Druck nicht aushielt, mit dem man ihn dazu zwingen wollte, sich der Kollektivierung zu unterwerfen. Und auch mein Vater gab angesichts der anhaltenden Drohgebärden der staatlichen Organe schließlich nach: 1952 wurde er Mitglied der LPG, ebenso wie meine Mutter und ich, die auf seinem Hof angestellt waren.

Doch die Herrlichkeit der sozialistischen Landwirtschaft ging in Gessen schnell vorüber. Mit dem Arbeiteraufstand am 17. Juni 1953 traten die Gessener Bauern, mit Ausnahme von Landwirt Wöllner, geschlossen aus der LPG aus – genau zu dem Zeitpunkt, als ich unseren Hof übernahm. Es begannen schwere Jahre. Meine Frau Elfriede und ich mussten allein zurechtkommen, denn alle Arbeitskräfte drängten zur besser bezahlenden *Wismut* in den Bergbau oder wurden zur kasernierten Polizei abberufen. Es ist mir heute ein Rätsel, wie es Elfriede gelang, neben der Landwirtschaft unsere vier Töchter zu versorgen.

Morgens, während die Kinder noch schliefen, kümmerten wir uns um das Kleinvieh, die Ferkel und Kälber. Anschließend ging es auf den Acker zur Feldarbeit. Nicht selten mussten wir mit ein, zwei Stunden Schlaf auskommen. Zuweilen kamen wir gar nicht ins Bett …

»Bringt eure Zuckerrüben!«, mahnte uns der Bürgermeister eines Novemberabends, als wir gerade im Stall standen und unsere Tiere fütterten. Am Bahnhof Gera-Ost wartete ein Waggon, den wir mit unseren Rüben beladen sollten. Vier unserer Hänger sollte ich nach Gera schaffen – ein erheblicher Teil fehlte noch. Also ließen wir alles stehen und liegen, warfen die Knollen mit der Rübengabel auf unsere Wagen und luden in Gera alle fünfundzwanzig Tonnen auf den besagten Waggon. Die ganze Nacht hindurch schufteten wir, bis wir morgens um fünf die Kühe melken mussten, denn um sechs sollte die Milch auf der Rampe stehen. Dann wieder das Kleinvieh füttern, morgens die Kinder versorgen, die Herbstbestellung machen … sechsunddreißig Stunden waren wir auf den Beinen. Das war keine Seltenheit.

Gessener Viehwirtschaft: Elfriede mit Kuh und Kalb

Nur selten eine Pause: Elfriede auf dem Gessener Hof mit dem Nachwuchs von Spitzdame »Moni«

Schließlich zwang uns die hohe Abgabenpflicht in die Knie. Unserer Umgebung blieb nicht verborgen, dass wir uns derart abrackerten. Eines Tages kam Heinz Wittig auf mich zu, ein ehemaliger Klassenkamerad meiner Frau. Als Vorsitzender der LPG *Wilhelm Pieck* in Kauern äußerte er sich anerkennend darüber, was wir leisteten. »Aber ihr nützt euch damit wenig, kommt zu uns! Ich garantiere euch, dass es euch bei uns besser geht.«

Wir wogen die Vor- und Nachteile gegeneinander ab. Die in Aussicht gestellte Hilfe bei der Bewirtschaftung des Hofes war eine Sache, aber mussten wir nicht neben unseren Kindern auch meine Eltern versorgen? Schweren Herzens entschlossen wir uns, der LPG beizutreten. Es war ohnehin nur eine Frage der Zeit, wie lange wir dem politischen Druck noch standhalten und uns der Kollektivierung widersetzen konnten.

»Du bist doch gar nicht ausgetreten«, erklärte mir der »Wittig Heinz« schmunzelnd, als ich ihm meine Entscheidung mitteilte. Tatsächlich hatten 1952 nur meine Eltern ihren Austritt erklärt, ich hatte nie etwas unterschrieben. »Du musst nur die Pflichten eines LPG-Mitgliedes übernehmen.«

Gleichzeitig bedauerte er, dass mein Vater nicht mehr mitwirken konnte: »Schade, dass der Iwan so alt ist. Wenn er bei uns in der LPG wäre, liefe die ganze Firma auf Trab oder die Mitglieder schlügen ihn tot.« Er war als Mann voller Energie bekannt, der »Pfeffer hatte« und hohe Ansprüche stellte.

Vor Heinz Wittig war unser Feldnachbar Hugo Gruner der erste Vorsitzende der LPG Kauern. Dieser war Kupferschmied von Beruf und hatte sich in Kauern angesiedelt. Von der Landwirtschaft verstand er jedoch nichts. Dies hatte ich mehrmals erlebt, wenn er mit Fragen zu uns kam.

In einem Frühjahr sagte er: »Ich muss noch die Ölfrucht säen!«

»Was wollen Sie denn säen?«

»Na, Raps!«

»Haben Sie Sommerraps?«

»Was heißt Sommerraps? Raps habe ich!«

»Also, wenn Sie keinen Sommerraps haben, brauchen Sie nicht zu säen, sonst wächst Ihnen nur Grünfutter!«

Nicht einmal die grundlegendsten Dinge wusste er. Aber Vater und ich halfen ihm und säten ihm mit unserer *Saxonia*-Sämaschine den Rest Mohn, der noch in der Maschine war, denn das Pferd war noch angespannt. Sein kleines Mistbeet, wie wir die Streifen an den Feldrändern nannten, war in Windeseile fertig.

Als sein Mohn aufgegangen war, sah ich ihn eines sonnigen Morgens mit der Streumulde vor dem Bauch sein Mohnfeld düngen. »Nachbar, was machen Sie denn?«

»Na, ich muss dem Boden doch Stickstoff geben!«

»Aber Sie haben Kalkstickstoff!«

»Der ist doch ganz gut!«

»Ja, das ist er, nur keinesfalls für Mohn! Heute Mittag ist Ihre Aussaat mausetot!«

Ein anderes Mal erkundigte er sich, warum der Pflug, vor den er einen Ochsen gespannt hatte, nicht in den Boden ging.

»Herr Nachbar«, sagte ich, »der kann nicht hineingehen. Sie haben keine Schare dran!«

Hugo Gruner wollte sich für unsere Hilfe erkenntlich zeigen und uns aus seinem Waldstück, das er als Siedler bekommen hatte, eine Eiche mit einem Stamm von über einem Meter Durchmesser überlassen – ein ungeheurer Wert. Das schien mir jedoch unangemessen und ich lehnte ab.

Hugo Gruner war nicht dumm, aber als erster LPG-Vorsitzender war er fehlbesetzt. Viele in der LPG nahmen ihn wegen seiner mangelnden Kenntnisse nicht ernst. Aber wenn mir jemand eine Kupferplatte und einen Hammer in die Hand gedrückt hätte, um einen Kessel daraus zu schmieden, wäre es mir ähnlich ergangen.

Eines Tages hob er sich förmlich selbst aus dem Amt. Er hatte ein Genossenschaftsmitglied, eine Umsiedlerin namens Hedwig, privat angestellt, um seinen Garten zu pflegen – eine Art Ausbeutung, wie die anderen Genossenschaftsmitglieder befanden. Er wurde abberufen und als Betriebshandwerker der LPG zurückgesetzt.

Heinz Wittig, der gelernter Maurer war, ersetzte ihn. Zwar kam er nicht aus der Landwirtschaft, hatte aber alle Bauern noch als Einzelbauern gekannt und wusste um deren Leistungsfähigkeit. Auch verstand er etwas vom Fach und gab zugleich einen guten Organisator ab. Geschickt setzte er die guten Bauern an die Schlüsselpositionen, auch wenn er dabei mitunter diktatorisch agierte. Unter seiner Regie wurde die LPG Kauern zu einer Vorzeige-Genossenschaft, die bereits 1960 im DDR-Wettbewerb den dritten Platz belegte und später den Nationalpreis erhielt. Sogar ein Film wurde mit unseren Tieren gedreht: »Kotelett nach Maß«.

Heinz Wittig, SED-Mitglied und später ins Zentralkomitee der Partei gewählt, hatte den parteilosen Fritz Kratsch an die Spitze der Abteilung Feldwirtschaft gesetzt, in der auch ich beginnen sollte. Das ermunterte mich zusätzlich, in die LPG einzutreten. Kratsch war ein kooperativer Leiter, nahm Vorschläge an und diskutierte darüber. Ein hervorragender Mann, mit dem ich gut zusammenarbeiten konnte. Er hatte einst im Saatzuchtbetrieb *Strube* in der Magdeburger Börde gelernt, war in der Landwirtschaft groß geworden und hatte vor dem Krieg als Buchhalter auf dem Rittergut in Kauern gearbeitet.

Heinz Wittig war es auch, der mich Ende der fünfziger Jahre zur Hilfsaktion des »Südens« für den »Norden« delegierte. Genossenschaftsbauern aus verschiedenen Betrieben Thüringens sollten bei der Kartoffelernte der *Volkseigenen Betriebe* in Mecklenburg helfen. Sie waren aus den einhundert ehemaligen Gütern des jahrhundertelang ansässigen Adelsgeschlechts der von Arnims und des einstigen Kartoffelzuchtbetriebs *Böhm* hervorgegangen. Letzterer hatte vor dem Krieg die Kartoffelsorten *Ackersegen, Böhms-Mittelfrühe, Böhms-Industrie, Böhms-Johanna* entwickelt. Zu DDR-Zeiten wurden hier unter anderem die Sorten *Star, Amsel* und *Meise* gezüchtet, wobei die Zucht einer Sorte zwölf Jahre dauerte.

1971: Juliane bei der Ferienarbeit am Steuer des Mähdreschers E 175 auf den Feldern der LPG Niederpöllnitz

Gemeinsam mit 31 weiteren Genossenschaftsbauern aus dem Landkreis Gera wurde ich dem achtundneunzigsten Gut in Boldebuck bei Güstrow zugeteilt und zum Leiter der Helfer ernannt.

Wieder in Thüringen, kehrte ich einige Zeit später im Auftrag der LPG noch einmal in den Zuchtbetrieb zurück. Ich sollte dort Pflanzgut abholen, das vor Ort mit einer Sortiermaschine noch getrennt werden musste. In Gera war kein Pflanzgut zu erwerben, obwohl der Plan Anbauflächen vorgesehen hatte.

Ich war mit meinem *Wartburg* Marke *Camping* unterwegs und hatte meine beiden zehn und neun Jahre alten Töchter Christina und Julchen als Helferinnen mitgenommen. Immer wieder verdienten sie sich nebenbei ein paar Mark, später auch als Kellnerinnen bei Tanzvergnügen der LPG oder in den Ferien als Mähdrescherfahrerinnen. Damit konnten sie die Haushaltskasse etwas schonen, wenn sie besondere Wünsche hatten, denn unsere finanzielle Lage hatte sich zwar nach dem Eintritt in die LPG etwas verbessert, war jedoch noch immer angespannt.

Von der Feldwirtschaft zur Schweinezucht

In Kauern verdiente ich 316,80 Mark im Monat. Davon wurden mir zehn Prozent für die Sozialversicherung abgezogen und auch der Betrieb zahlte zehn Prozent in die Versicherung ein. Hinzu kamen die vielen Arbeitsstunden an den Sonn- und Feiertagen, die mit einem Zuschlag von fünfundzwanzig Prozent vergütet wurden. So besserte sich nach und nach mein Einkommen als LPG-Mitglied.

Mit dem Eintritt in die LPG waren wir Bauern jedoch noch längst nicht dem Fortschritt verfallen. Viele brachten ihre Pferdegespanne mit ein, um sie auf dem Feld zu nutzen.

Doch überall war der Ruf nach der Erhöhung der Arbeitsproduktivität zu hören. Diese konnte nur mit neuer Technik gesteigert werden. Ein Vergleich: Eine Arbeitskraft pflügte mit der *IFA*-Raupe am Tag fünf Hektar, ein gutes Pferdegespann schaffte nur einen halben Hektar und ein Mähdrescher erzielte bei gutem Wetter drei bis fünf Hektar Dreschleistung pro Tag. Die insgesamt sechsunddreißig Pferdegespanne der LPG hatten also bald keine Chance mehr gegen die Technik. Dennoch hingen viele Bauern noch lange an ihren Tieren. Das änderte sich auch erst, als die Bauern mit den Traktoren *RS 09*, *Famulus*, *Harz* oder *Zetor* arbeiteten und sich niemand mehr fand, der die drei letzten verbliebenen Gespanne im Betrieb betreuen und über die Felder führen wollte. Damit gehörten die Auseinandersetzungen zwischen mir, den Pferdeführern und der Betriebsleitung endlich der Vergangenheit an.

Aber auch unsere Technik hinkte bald der Zeit hinterher. Einmal wurde ich zu einer Besprechung gerufen. Es war ein heißer Tag und ich traf mit meiner spärlichen Bekleidung, bestehend aus einer Gummischürze, einer Badehose und Gummistiefeln, im Büro ein.

In dieser Aufmachung empfing mich der Landwirtschaftsminister Ewald, der einen unangemeldeten Besuch in Kauern vornahm. Er schaute sich in meiner Abteilung um und schien mit unseren Leistungen durchaus zufrieden zu sein: »Ich freue mich, wie viel Fortschritt Einzug gehalten hat.«

Doch da widersprach ich: »Unsere Mähdrescher besitzen noch keinen hydraulischen Ausgleich der Drescheinrichtung. Wird bergab gedroschen, läuft das Stroh nur schwer oder gar nicht aus dem Dreschkasten. Bergauf läuft das Korn mit, quer zum Hang und einseitig nach unten.«

Der Minister wandte sich an unseren LPG-Vorsitzenden, Heinz Wittig, der gleichzeitig auch Chef des *Rates für landwirtschaftliche Produktion und Nahrungsgüter* (RLN) war.

»Der Kleene hat eigentlich recht mit seiner Beurteilung. Professor Richard Turm von der TU Dresden hat bereits seit langem eine technische Lösung für diese Hydraulik gefunden, nur es bedarf immer Zeit, die Hürden der Ämter zu überspringen.«

Mit diesem Denkanstoß reiste der Minister zufrieden ab und wir hatten das Gefühl, er meinte es tatsächlich ernst.

Unsere LPG umfasste eintausend Hektar. Bei den großen Ausmaßen war es nicht möglich, die Ackerflächen zu Fuß abzulaufen oder Dinge auf den Feldern zu klären. Deshalb stellte mir die Genossenschaft ein Moped, eine *SR 2* mit kleineren Rädern, zur Verfügung. Über fünf Jahre lang blieb mir das Gefährt ein treuer Begleiter, bis zur großen Katastrophe im Schweinestall …

Um das Jahr 1960 wurde die LPG vollgenossenschaftlich. Auch die Schweine, die die Genossenschaftsmitglieder bislang noch in ihren eigenen Ställen hielten, wurden fortan zusammen untergebracht. Abferkelställe waren in Kauern bereits gebaut.

Doch da die Tiere an die Bakterienflora ihrer kleinen Ställe gewöhnt waren, verkrafteten sie ihre neue Umgebung und die Anwesenheit der vielen anderen Schweine nicht. Es brachen, bis auf die Schweinepest, alle möglichen Krankheiten aus. Die »Kasernierung« der Schweine war eine Tragödie, eine Niederlage, »ein zweites Stalingrad«, wie wir es bezeichneten. In dieser Situation sprachen mich Heinz Wittig, Dietmar Saperowski, von der LPG-Leitung in Kauern, und Fritz Kratsch an: »Dein Vater und dein Großvater haben schon Schweine gezüchtet. Jetzt musst du den Schweinestall übernehmen!«

»Mir gefällt es aber auf dem Acker!«

»Es geht nicht danach, was einer will, es geht danach, wo er gebraucht wird!«

Also übernahm ich die Schweineproduktion und übergab die Feldwirtschaft an Dietmar Saperowski.

Schnell war klar, dass ich mich zunächst um die Hygiene kümmern musste. Die penible Sauberkeit, die ich in den Kasernen so gehasst hatte, sollte mein oberstes Gebot werden.

Um die Probleme im Schweinestall zu lösen, wurden mir Experten zur Seite gestellt: Dr. Stahl und Dr. Jähne vom Tiergesundheitsdienst in Jena und Professor Hoffmann, der in Wichmar für die Jenenser Universiät auf dem Gebiet der Schweinezucht forschte. Sie rieten mir, das periodische Abferkeln einzuführen.

Bisher kamen die Sauen, die gerade ferkelten, in einen separaten Stall, den sie kurz darauf wieder verlassen mussten. Auf diese Weise herrschte dort ein ständiges Kommen und Gehen, das deutliche Infektionsgefahren in sich barg. Nach der neuen Methode sollten nun in einem Stall vierundzwanzig Sauen untergebracht werden, die in der nächsten Zeit ferkelten. Waren die Jungtiere groß genug, wurden sie von den Müttern getrennt. Dann konnte der Stall gründlich gereinigt und desinfiziert werden. Mit vier Vierundzwanziger-Ställen hielt dieses *Hoffmannsche periodische Abferkelsystem* schließlich Einzug in die LPG.

Gleichzeitig ließ ich einen abgebrannten Kuhstall in einen Läuferstall umbauen. Dorthin brachten wir die Absatzferkel nach der Trennung von ihren Müttern. Bei sechsundneunzig Sauen waren dies rund neunhundert Ferkel. Nach einer tierärztlichen Untersuchung wurden sie an die staatlichen Mästereien abgegeben, bis wir 1962 einen eigenen Maststall bauten. Die Sauen wiederum wechselten in die Schweinehütten, wo sie für die neue Liebe vorbereitet wurden.

Mit dieser Methode gingen die Krankheiten stark zurück. Nur ein paar Fälle von Lungenentzündung traten noch auf.

Um die Tiere noch besser vor möglichen Infektionen zu schützen, ließ ich alle Schweine vorbeugend gegen Schweinepest und Rotlauf impfen. Jedes Wochenende machte ich mich außerdem daran, einen der Ställe mit *Wofasept* zu desinfizieren. Monatlich schickten wir Kot- und Schabeproben wegen möglicher Darm- oder Hautparasiten zum Tiergesundheitsdienst nach Jena. Salmonellen waren uns damals unbekannt, und solange ich die Verantwortung trug, traten in den Ställen weder Seuchen noch Hautkrankheiten auf.

Doch dies allein stellte mich noch nicht zufrieden. Ich beschloss, die Fressplätze umzuorganisieren, denn genauso wie andere Tiere haben auch Schweine an den Trögen eine bestimmte Hackordnung. Das bedeutet, wenn für zehn Ferkel genau zehn Fressplätze zur Verfügung stehen, bekommen die schwächeren nichts. Also brauchte ich mindestens fünfzehn Plätze und baute um. Wieder verringerten sich die Ferkelverluste.

Damit nahm auch die Gesamtzahl der Tiere in der Schweinezucht zu. Die Läufer, die weder in die staatliche Mast noch in unsere eigene Mastanlage kamen, musste ich ebenso unterbringen wie die Altsauen, die für die Zucht untauglich waren und dennoch weitergefüttert wurden. Auch die kastrierten Eber brauchten ihren Platz.

Oberschüler aus Gera in meinem Schweinestall in Großebersdorf, die ich (links) als Ausbilder betreute (rechts im Bild mein Kollege Heinz Bernstein)

Schließlich kam mir eine Idee: Unsere an den Seiten und nach oben offenen Futtersilos wurden zum Teil nicht mehr benötigt, da der Versuch, das bis 1960 verfolgte Prinzip der Rinderoffenställe auf Schweineställe anzuwenden, nicht funktionierte. Gesagt, getan. Ich ließ die achtzig Meter langen Silos leeren, an den beiden Enden mit Metallgittern schließen und Metalltröge hineinstellen. Rund hundert Sauen fanden an den Trögen Platz. Doch im Sommer litten sie unter Sonnenbrand, sodass ich ausrangierte Schiebetore als Dach aufsetzen ließ.

Nun musste noch die Wasserfrage geklärt werden. Dazu stellte ich ein eintausendfünfhundert Liter großes Metallfaß auf und montierte einen Hahn daran, der nur so weit aufgedreht wurde, dass das Wasser langsam in den Trog hineintropfte. Zum Schluss ließ ich die Wassertröge von unserer Schlosserwerkstatt halbieren, damit sich die Sauen nicht hineinlegen konnten.

Noch ein weiteres Problem musste ich in Angriff nehmen: das Wiegen der Mastschweine vor ihrem Weg zum Schlachthof. Eine Waage in das Silo zu stellen war schwierig, denn die Tiere wollten nicht freiwillig hinauf. Dies erlebten eines Tages auch UTP-Schüler aus Gera mit, die hier ihren *Unterricht in der Produktion* absolvierten.

Einer der Städter meinte: »Das könnte man doch ganz anders machen!«

»Na, dann sag mir mal wie!«, rief ich gespannt.

»Das ist doch ganz einfach. Wir teilen den Gang in der Mitte in zwei Teile und stellen dazwischen die Waage. Und wenn die Schweine zum Fressen an die Tröge wollen …«

Sofort wusste ich, worauf er hinauswollte. Eine sehr gute Idee, denn zur Fütterung rannten die Tiere freiwillig über die Waage und sahen sie nicht als fremdes Objekt an. Mit Fettstiften kennzeichneten wir die sie im Vorüberlaufen: rot für ein Gewicht über einhundertfünfundzwanzig Kilo, blau für die Schweine zwischen einhundert und einhundertzwanzig Kilo und grün für die Tiere mit geringerer Masse. Wenn die Fahrzeuge des Schlachthofs eintrafen, konnten wir problemlos die rot markierten Schweine aufladen.

Eine solche Idee blieb natürlich nicht ohne Anerkennung. Kurz darauf ging ich zu unserem Hauptbuchhalter: »Gib dem jungen Mann fünfzig Mark als Belohnung für seinen guten Gedanken, ich quittiere.« Fünfzig Mark – das war viel Geld, über das sich der Fünfzehnjährige riesig freute.

Ich fragte mich immer wieder: »Ich Idiot, warum bin ich nicht selber daraufgekommen?« Wahrscheinlich war ich einfach betriebsblind. Somit hat uns der unbekümmerte Blick eines Außenstehenden eine gewaltige Erleichterung verschafft.

Die technische Besamung

Anregungen von außen nahm ich in meiner Arbeit stets dankbar an. Daher arbeitete ich eng mit dem Forschungszentrum der Universität in Jena zusammen. Die Professoren und Forscher sagten sich ihrerseits: »Wir können noch so schlau sein in unseren vier Wänden. Wenn wir unser Wissen nicht in der Praxis anwenden, nutzt es überhaupt nichts. Wir brauchen Partnerbetriebe, mit denen wir unsere Ideen umsetzen können.« Für derartigen Austausch war ich immer zu haben.

Professor Hennig trug schließlich dazu bei, dass unsere LPG bald zu einer Vorzeige-Genossenschaft wurde. Er interessierte sich vor allem für das Futterverhalten und die Futterverwertung der Rinder. Auch wenn die Rinderproduktion nicht in mein Arbeitsgebiet fiel, profitierte ich von seinen Erkenntnissen. Er schlug beispielsweise vor, der Silage für die Rinder Harnstoff beizumengen. Dieser Harnstoff wurde von den Wiederkäuermägen über das Blut in Milcheiweiß umgesetzt. Damit konnte die Milchleistung der Tiere gesteigert werden. Doch die Kühe vertrugen den Wirkstoff sehr unterschiedlich. Viele konnten ihn gut verwerten, während einige daran starben. So kam die Frage auf, was bei einer Harnstoffvergiftung zu tun sei? Essig war schließlich die Lösung.

Ähnlich verhielt es sich mit der künstlichen Besamung bei Schweinen. Was einem Professor Götz aus Göttingen dreißig Jahre zuvor bei Rindern geglückt war, war in der Schweinezucht weltweit immer noch Neuland. Dieses Problems nahm sich Professor Hoffmann an. Die Schwierigkeit bestand darin, dass Schweine über eine Gebärmutterbesamung zu Nachwuchs gelangen und nicht wie fast alle Wiederkäuer über eine Scheidenbesamung.

Die Gebärmutterbesamung künstlich nachzuahmen, war wesentlich komplizierter. Zum einen erforderte es, den genauen Zeitpunkt zu erwischen, an dem die Sau »rauscht«, also gedeckt werden kann und zum anderen dringt der Eber mit seinem halben Meter langen Penis, der am Ende zwei korkenzieherähnliche Windungen besitzt, in die Gebärmutter ein, samt dort ab, und stößt beim Herausziehen ein stärkehaltiges, gallertartiges Sekret ab, das die Öffnung vor der Gebärmutter verschließt. All dies technisch nachzustellen, bedurfte umfangreicher Forschungsarbeit.

Das Sperma direkt in die Gebärmutter einzuführen, war nicht möglich. Deshalb musste Professor Hoffmann herausfinden, wann der größte Sog der Gebärmutter stattfindet. Nur dann konnte die *technische Besamung* erfolgen. Schließlich stelle er fest, dass man einer Sau auf den Rücken drücken muss, um zu prüfen, ob sie der Liebe willig ist. Hebt sie dabei die Ohren, ist der Gebärmuttersog groß genug.

Die Besamung lief nun wie folgt ab: Zunächst stellte sich der Besamer neben die Sau und übte Druck auf ihren Rücken aus oder setzte sich auf sie, als würde ein Eber sie besteigen. Hoben sich die Ohren, war der richtige Zeitpunkt getroffen. Nun wurde ein Rohr, das wir »Makkaroni« nannten, mit einer Art Olive an der Spitze bis zum Eingang der Gebärmutter eingeführt. Um die Innereien nicht zu verletzen, war beides aus Plaste. Am Ende der »Makkaroni« war der Beutel mit dem Sperma angebracht, der sich nun allein durch den Sog leerte. Es hätte gar nichts geholfen, das Sperma hineinzuspritzen. Es wäre außen an der Gebärmutter vorbeigelaufen.

Anfangs gestaltete sich die Besamung schwierig, da der Besamer stets aus Wichmar bestellt werden musste. War dieser gerade unterwegs und traf erst am nächsten Morgen bei uns ein, konnte es schon zu spät sein. Wurde er zu früh gerufen, wartete er viele Stunden oder auch Tage. Das war unbefriedigend und schmälerte den Erfolg. Doch diesen brauchten wir, um die vielen Skeptiker zu überzeugen. Uns blieb nur eine Alternative: selber besamen.

Ich begab mich auf den Weg zu Professor Hoffmann und

tauchte in die Geheimnisse der Besamung ein. Eines Sonntagmorgens war es soweit: mein erster Versuch. Es sollte auch gleich ein Rekord auf Lebenszeit werden: Ich musste elf Sauen besamen. Die dabei erreichte Trächtigkeitsquote schaffte ich bis zu meiner Rente nie wieder. Alle elf Sauen wurden tragend und keine von ihnen hatte weniger als zwölf Ferkel. Gemeinsam mit einem weiteren Mitarbeiter namens Schlegel waren wir abgesehen von einigen Forschergruppen die ersten auf der Welt, die Sauen besamten. Dies war unser Aushängeschild. Und unser Beispiel machte Schule. Letztlich wurden in der DDR mehr als sechzig Prozent aller Sauen technisch besamt, in der BRD waren es zu dieser Zeit etwa drei Prozent.

Mit dem periodischen Abferkeln und der *technischen Besamung* hatten wir einen über die DDR-Grenzen hinaus einzigartigen Rhythmus in der Schweinezucht gefunden. Wenn die Ferkel von den Muttertieren abgesetzt wurden, mussten diese in den folgenden fünf Tagen wieder rauschig werden. Dank dieser Planbarkeit konnten wir in der Besamungsstation vorher rechtzeitig unseren Bedarf anmelden: »Wir brauchen hundert Portionen Sperma.« Das wurde uns dann in Isolierbehältern gebracht.

Während Rindersperma bei minus zweihundertsechzig Grad in flüssigem Stickstoff eingefroren wird, darf Schweinesperma nicht kälter als minus dreizehn Grad werden, sonst sterben die Spermien ab. Dr. Jähne und Dr. Stahl empfahlen mir, die gefrorenen Spermabeutel in achtundzwanzig Grad warmes Wasser hineinzulegen und auf zweiundzwanzig Grad zu erwärmen, damit die Sau durch das kalte Sperma innerlich nicht erschrickt.

Für die Besamung der Sauen war es wichtig, auch die Jungsauen, die noch nie geferkelt hatten, zur gleichen Zeit »heiß« zu machen. Um dies zu gewährleisten, musste es eine Phase geben, in der die Tiere nicht rauschig wurden. Dazu ist in

Ungarn das Mittel *Mestranol* entwickelt worden: die Antiba-bypille für das Schwein. Dieses Medikament mischte ich in Pulverform drei Wochen lang in das Futter meiner hundert-fünfzig Jungsauen. Dann setzte ich es ab, und in der folgen-den Woche sollten alle gleichzeitig mit ihrem Fruchtbarkeits-rhythmus beginnen und rauschig werden. Um dies zusätzlich zu fördern, spritzte ich den Tieren eine Hormonhilfe hinter die Ohren.

In der Zwischenzeit hatte auch *Jenapharm* die *Mestranol*-An-tifruchtbarkeitspille entwickelt. Bei meinen weiblichen Mast-tieren testete ich dieses neue Mittel und besamte die Sauen, als sie rauschten. Anschließend wurden sie geschlachtet und die Gebärmutter untersucht. Schließlich hatte die Pille den Praxistest bestanden, denn nach dem Absetzen des Medika-ments waren die Tiere tatsächlich fruchtbar geworden. Als Dank für die Zusammenarbeit mit *Jenapharm* erhielt ich eine Geldprämie.

Allerdings wirkte die Pille nicht bei allen Tieren gleicherma-ßen. Immer wieder waren einige Jungsauen darunter, deren Hormonhaushalt durcheinandergeriet. Sie wurden nach dem Absetzen der Antifruchtbarkeitspille und dem anschließen-den Besamen nicht trächtig – so dachte ich jedenfalls. Für die-se Tiere hieß es: Ab zum Schlachthof nach Gera. Eines Tages, nachdem einige meiner Jungsauen wegen Unfruchtbarkeit an den Schlachthof übergeben worden waren, erhielten wir plötzlich die überraschende Meldung: Sie sind tragend!

Die Verantwortlichen wollten mir mangelnde Zuverlässig-keit unterschieben. Als der Kreistierarzt Chemnitzer vom Schlachthof erfuhr, dass ich vier tragende Sauen abgeliefert hatte, stürmte er zu mir: »Wissen Sie, dass im Bezirk Gera sechstausend Schweine fehlen, und Sie schicken tragende Tie-re zum Schlachten!«

Er hielt mir einen Vortrag über die Bedeutung der Sauen, da platzte mir der Kragen: »Bauen Sie den Sauen doch eine

Klappe in die Seite, dass ich hineinschauen kann!« Trotz ihrer Trächtigkeit hatten diese Tiere keine der sonst üblichen Verhaltensweisen gezeigt.

Unterstützung erhielt ich von den Universitäts-Doktoren Stahl und Jähne. Für sie war klar, dass bei Versuchstieren solche Unregelmäßigkeiten auftreten konnten und man deshalb nicht allein den Besamer dafür verantwortlich machen durfte. Der Kreistierarzt Chemnitzer war ein unangenehmer Zeitgenosse. Er legte die Vorschriften gern übertrieben aus, setzte die Viehzüchter unter Druck oder bereitete ihnen Ärger. So auch mir. Eines späten Nachmittags, als er an unserem Abferkelstall mit Futtersilo in Großebersdorf vorbeifuhr, entdeckte er ein geöffnetes Tor. Das hatte ich jedoch ganz bewusst nicht verschlossen: Da am nächsten Morgen die in der vergangenen Nacht gedämpften Kartoffeln angefahren und mit einem Kran in das Silo hineingeschüttet werden sollten, musste das Tor offen stehen. Der Kreistierarzt hatte nun nichts anderes zu tun, als mir eine Strafanzeige mit einem Bußgeld von fünfhundert Mark anzuhängen, weil in meinem Arbeitsbereich das Tor offenstand und damit die Hygienevorschriften nicht eingehalten worden wären.

Als Besamer versuchte ich meine Kenntnisse auch an die Lehrlinge weiterzugeben. Heinz Zschieche aus Kaimberg war zunächst ein Problemfall und kam mit einem Zeugnis voller Fünfen von Berufsschuldirektor Kramer zu uns. Ich gab ihm bei mir zu Hause Nachhilfestunden, auch sonntags. Dies zeigte Erfolg. Er erhielt in Niederpöllnitz seinen Lehrbrief, entwickelte sich weiter, war im Stall Lengefeld Abteilungsleiter und gewann sogar einen Bezirkswettbewerb *technische Besamung*.

Auch andere »Schweine-Lehrlinge«, die unter den Fittichen der Leiterin der Lehrlingsausbildung in der LPG Niederpöllnitz, Frau Dr. Himmel, sowie meiner Elfriede und mir standen, räumten Preise ab. Ein Lehrlingsmädchen aus Unterröppisch holte sich einmal den zweiten und zweimal den dritten Platz beim DDR-Berufswettbewerb. Meine jüngste Tochter Annette, die ebenfalls bei mir Auszubildende war und vielleicht durch eine besonders strenge praktische Lehre musste, wurde sogar zweimal DDR-Siegerin. Diese Erfolge waren umso höher einzuschätzen, als an den Ausscheiden auch Abitur-Lehrlinge teilnahmen, die später als Betriebsleiter fungieren sollten.

Zudem betreuten wir insgesamt dreizehn Uni-Praktikanten, die eine große Hilfe für den Betrieb waren. Auch die Studenten und Absolventen konnten viele praktische Erfahrungen bei uns Ausbildern sammeln, die wir den wissenschaftlichen Erkenntnissen offen gegenüberstanden. Elf unserer Praktikanten wurden Doktoren, zwei Professoren.

Meine »Schweinefee«

Einen besonderen Anteil an der erfolgreichen Ausbildung der Lehrlinge und Praktikanten hatte meine Elfriede. Sie arbeitete seit unserem Eintritt in die LPG in der Schweinezucht. Vorwiegend war sie für die Jungsauen zuständig. Bereits 1964, zum Republikgeburtstag, erhielt sie zum ersten Mal die »Medaille für ausgezeichnete Leistungen in der LPG«. Vier Jahre später legte sie in der »Schule der sozialistischen Landwirtschaft« in Gera ihre Meisterprüfung ab und durfte sich seither »Schweinezuchtmeister« nennen.

Bei ihr waren die Auszubildenden stets gut aufgehoben. Als ein Problemlehrling kam Jürgen Pommerening zu ihr. Er war der Sohn der Wirtin des Sportlerheims und hatte wegen einer Sprachbehinderung eine Sonderschule besucht. Anschließend wollte ihn kein Betrieb in der Umgebung aufnehmen, sodass er schließlich zu uns kam. Er wurde »Pommi« gerufen, und es kam nicht selten zu Differenzen zwischen ihm und den Mitarbeitern. So manches Mal musste meine Elfriede schlichten, wenn er als dumm tituliert wurde und Worte wie »fette Kuh« durch den Raum zurückflogen. Meine Gute nahm sich seiner an und setzte sich für ihn ein.

Jeden Tag war Elfriede mit ganzem Einsatz bei der Sache. An einem Sonntagfrüh, als sie längst hätte nach Hause gehen können, kümmerte sie sich noch um die trächtigen Sauen. Plötzlich sah meine Frau aus dem neu gebauten Kuhstall, der etwa einhundert Meter entfernt war, Rauch aufsteigen. Der Heuboden brannte!

Urkunde für Elfriedes »Schweinezuchtmeister« 1968

Eine von mehreren Auszeichnungen, die Elfriede für ihre Leistungen in der Genossenschaft erhielt, sowohl in der LPG Kauern als auch in der LPG Niederpöllnitz

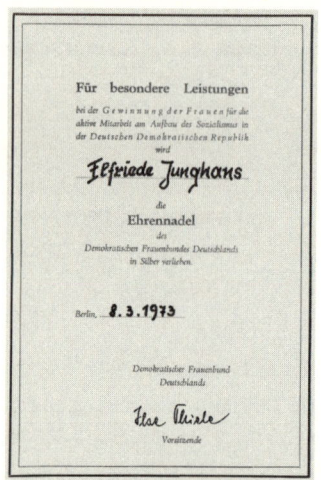

Auch für ihre Arbeit im Demokratischen Frauenbund Deutschlands wurde Elfriede ausgezeichnet

Elfriede mobilisierte sofort die Genossenschaft und rannte in den Stall, um die Kühe abzuhängen, damit sie weglaufen konnten. Am Ende blieb von dem Stall nichts übrig. Die Tiere aber waren gerettet.

Als Brandstifter wurde mein Nachbar Gerd Herbert verdächtigt, der in diesem Kuhstall arbeitete. Doch er, ein Nichtraucher, hätte das sicher nie getan.

Letztendlich stellte sich heraus, dass einer der Marbach-Söhne das Feuer gelegt hatte. Der alte Marbach war bereits als Brandstifter bekannt, seit er einmal einen großen Strohhaufen auf der LPG angezündet hatte. Als Melker hatte er sich nach dem Krieg mit seiner großen Familie auf dem Rittergut in Kauern angesiedelt. Bei der Gerichtsverhandlung kam außerdem ans Licht, dass er, ein großer, kräftiger Kerl ohne viel Verstand, in Dachau als SS-Mann das KZ bewacht hatte. Das war umso überraschender, weil er mit seinem Foto als einer der Menschen gefeiert wurde, »die den Sozialismus aufbauen«. In dieser Zwickmühle entschlossen sich die Verantwortlichen, seine Familie in den Bezirk Halle umzusiedeln.

Nachdem ich die gesamte Schweinezucht der LPG in Kauern übernommen hatte, war ich sozusagen Elfriedes Chef, auch wenn wir oft an unterschiedlichen Orten unserer Arbeit nachgingen. Als ihr Vorgesetzter brauchte ich ihr inhaltlich nichts zu erklären. Sie wusste über alles Bescheid und arbeitete meisterhaft.

Fast wären wir beide als Auszeichnung zu einer Arbeitsreise in die Mongolei gestartet. Eine Delegation aus Ulan Bator hatte zuvor unsere LPG besucht und sich unter anderem danach erkundigt, wie viele Trockentage es hier gebe. Das sind jene Tage, an denen der Boden auf 1,20 Meter Tiefe gefroren und somit keine Wasserführung mehr möglich ist.

Da ich mich in meiner zweiten Landwirtschaftsschulung mit eben dieser Frage beschäftigte und diesbezüglich gerade beim Statistischen Amt gewesen war, antwortete ich prompt: »Manche Winter hatten wir keine Trockentage, in der Zeit zwischen 1956 und 1960 etwa zehn.« Ich steckte gut in dem Thema und konnte noch einiges dazu erzählen.

Daraufhin luden mich die Mongolen gemeinsam mit meiner Frau in ihre Heimat ein. Doch es klappte nicht. Meine Elfriede, die sich nie schonte und sich ständig verausgabte, wurde kurz vor Reisebeginn krank. Sie lag drei Wochen im Bett, bevor sie sich wieder erholte. Zur Reise kam es dann nicht mehr.

Durch ihr großes Engagement bei der Betreuung der Jungsauen in Niederpöllnitz erwirtschaftete meine Elfriede mit ihrer Abteilung die größten Einnahmen für die LPG. Jungsauen zu verkaufen war dreimal lohnenswerter als die Vermarktung von Mastschweinen. Für ein Schlachtschwein von hundertfünfundzwanzig Kilo bekamen wir fünfhundert, für eine tragende Jungsau bis zu fünfzehnhundert Mark. Außerdem war der Kostensatz bei Mastschweinen mit fünfundsechzig bis siebzig Prozent viel höher als bei den Jungsauen mit dreißig Prozent.

Später, als wir nach Niederpöllnitz gezogen waren und in der dortigen LPG arbeiteten, war Elfriede zwar die Älteste meines Personals in der Schweinezucht, brachte körperlich jedoch die besten Leistungen. Sie hob und schob die Tiere, füllte die Silos mit Futter, schleppte volle Eimer über den Hof und erledigte alles, was anfiel.

In ihrer Vorbildfunktion wurde sie zur Vorsitzenden der Wettbewerbskommission gewählt. In diesem Amt kontrollierte meine Elfriede mit zwei weiteren Kommissionsmitgliedern unangemeldet die verschiedenen Schweineställe, auch jenen in Großebersdorf, wo Harry Hübner arbeitete. Er konnte das Rauchen im Stall einfach nicht lassen. Ich hatte ihn schon mehrfach darauf angesprochen: »Wenn ich das noch einmal sehe, wird das in deiner Kaderakte vermerkt!«

»Bei mir ist noch nie was passiert!«, versuchte er sich zu recht-
fertigen.
»Du bist ja ein Held. Wenn's passiert, ist die Scheune weg!«
Auch solche Leute musste meine Elfriede zur Ordnung rufen.

Eines Tages quälte sich in Kauern eine Sau mit einer schweren
Geburt. Zwei Ferkel drängten gleichzeitig zum Scheidenaus-
gang. Meine Hände waren jedoch zu groß, um dem Mut-
tertier zu helfen, selbst die meiner Elfriede, die in solchen
Dingen viel geschickter war als ich.

Mitte der siebziger Jahre: Familienhund »Hella« vor dem Zucht- und
Abferkelstall in Niederpöllnitz, dem Arbeitsbereich von Elfriede

Trotzdem wollten wir keinen Kaiserschnitt riskieren und kamen auf die Idee, unser Julchen mit ihren zarten Händen aus
dem Unterricht zu holen.
»Pass auf«, sagte ich zu ihr, als sie ihre Hand in den Schei-
denkanal führte, »was du jetzt in der Hand hast, das ist der
Ferkelkopf. Den schiebst du erst mal zurück, und wenn der
andere vorkommt, ziehst du ihn heraus!«
Genauso tat sie es, und die Geburt war gerettet.

Die LPG hielt stets zu uns, auch als Elfriede und ich 1980 einen familiären Tiefschlag erlebten. Unsere Tochter Annette setzte sich mit ihrem Mann und ihren Kindern über Bulgarien und Jugoslawien in die BRD ab. Es war eine schmerzliche Trennung, besonders für meine Elfriede. Dazu kam, dass wir aus diesem Grund vom Sommer bis Weihnachten einen Stasi-Spitzel vor dem Haus ertragen mussten, der uns von früh bis in die Nacht beobachtete.

In der LPG entstand uns jedoch kein Nachteil. Ich bot zwar an, meinen Vorsitz in der Revisionskommission abzugeben, doch dies wurde abgelehnt. »Sie haben keinen Grund, den Kopf einzuziehen«, sagte mir der *Abschnittsbevollmächtigte der Deutschen Volkspolizei* (ABV) Gessner. Auch meine Elfriede durfte im Vorstand der LPG bleiben. Die SED-Genossen verhielten sich uns Parteilosen gegenüber loyal.

1974: Auch Kolchos-Gäste aus der Sowjetunion besuchten unsere LPG Niederpöllnitz, hier mit dem Vorsitzenden Franz Kulhanek in der Mitte

Parteilos, aber nicht unparteiisch

Zum festen Bestandteil des Dorflebens zählten die Schlachtefeste. Sie waren für den betreffenden Bauern weniger Fest als vielmehr harte Arbeit und wurden daher passender als Hausschlachtung bezeichnet.

Allein die Vorbereitungen kosteten viel Zeit und Mühen: Kessel und Pökelfass mussten gesäubert sein, das Brennmaterial, die Asche für das Fleisch und die Wurstmasse, das Salz und die Gewürze bereitliegen. Späne zum Räuchern waren notwendig, genauso wie die Stangen zum Aufhängen der Würste. Nach vierzehn Tagen Pökelzeit wurde das Salz abgewaschen, der Schinken getrocknet und zum Räuchern in einen nicht zum Heizen genutzten Schornstein gehängt. Das Räuchern musste überwacht werden, denn war der Rauch zu heiß, lief das Fett aus der Wurst und die Späne brannten an. Damit wären alle Mühen umsonst gewesen.

Um die Arbeit für die Bauern zu erleichtern, konnte in den späten sechziger Jahren jedes LPG-Mitglied bei Fleischermeister Bernd Grimm in Seifersdorf ein Schwein schlachten und verarbeiten lassen – jedoch unter zwei Bedingungen: Die Anlieferung musste pünktlich erfolgen und das Schlachthaus anschließend von den Schweinebesitzern gesäubert werden.

Mit einer Mark pro Kilogramm, die an die Genossenschaft gezahlt wurde, waren alle Kosten für das Schlachten abgegolten. Die Tiere wurden sogar vom LPG-eigenen Transporter zum Fleischer gefahren. Besaß jemand keine eigenen Schweine, konnte er auch eines von der LPG kaufen und schlachten lassen. Diese Errungenschaft lief unter dem Motto »Verbesserung der Arbeits- und Lebensbedingungen auf dem Lande«, wofür die Genossenschaften eigene Gelder zur Verfügung stellten.

Solche Ausgaben der LPG überwachte die Buchhalterin, das gute Gewissen der Genossenschaft. Die Revisionskommission kontrollierte die Einhaltung der Gesetze und des Statuts und war niemand anderem als der Mitgliederversammlung rechenschaftspflichtig, also auch keiner Partei. Hier funktionierte die genossenschaftliche Demokratie. Eine Abwertung als Kommandowirtschaft, wie sie nach der Wende bezeichnet wurde, verdiente sie nicht.

Mitgliederversammlung der LPG Niederpöllnitz im Kulturhaus der Genossenschaft

Fünf Jahre nach dem Mauerfall schrieb ich einen Brief an die *Neue Deutsche Bauernzeitung*, deren Leser ich von Beginn an war:

Ebenso, wie über die LPG zu DDR-Zeiten übertrieben positiv berichtet wurde, klingt es heute oft übertrieben negativ. Als Bauer – nach dem Gesetz der DDR ein Großbauer mit einigen lächerlichen zwanzig Hektar landwirtschaftlicher Nutzfläche – trat ich in die LPG ein und arbeitete dort einunddreißig Jahre, davon siebenundzwanzig als Abteilungsleiter.

Ich erlebte in der LPG viel Gutes. Nur: Das Gute ist fast immer leise, unauffällig, Schlechtes dagegen bekommt mehr Aufmerksamkeit, als es verdient. Ein Leben lang begleitet mich mein bester Freund »Wilhelm Busch«. Seine große Kunst, Dinge des

Lebens festzuhalten und in kluge Worte zu bringen, die auch noch allen und jedem verständlich sind, ist einzig. »Gar manches ist uns vorbestimmt, das Schicksal führt uns in Bedrängnis. Doch wie man sich dabei benimmt, ist eigene Schuld – und kein Verhängnis.« (…)

Wie bei einem Obstbaum fielen bei der LPG-Bildung die fauligen und madigen Früchte zuerst, dann wurde staatlich kräftig geschüttelt und die letzten wurden gepflückt; und schon hatten wir die sozialistische Landwirtschaft, die LPG. Für viele sehr kleine landwirtschaftliche Betriebe war das eine durchaus sichere und bessere Zukunft. Wir brauchen uns ja nur in Westeuropa umzusehen, wer da von den Betrieben unter fünfzig Hektar überlebt hat.

Ein Artikel in der Sonderausgabe der DDR-Revue von 1965 berichtete darüber, warum ich in die LPG eintrat

Meine intensive »Pflege« der Schweinezucht, brachte so manches Prachtexemplar hervor

Jede LPG war so gut wie ihre Mitglieder. Und: Jede LPG hatte die Leitung, die sie verdiente.
Nach zwanzig Jahren Niederpöllnitz kann ich nur sagen: Dieser Betrieb war ein guter Betrieb, die ökonomischen Leistungen beachtenswert. Zweiundzwanzig aufgezogene Ferkel pro Sau und Jahr von sechshundert Sauen; oder mehr als fünftausend Kilogramm Milch pro Kuh bei einer Herde von zweitausend Milchkühen – das konnte sich sehen lassen. Alle Stallanlagen waren baulich in Ordnung und sauber eingefasst. Etwa fünfzehn Kilometer Straße wurden aus Feldwegen zu gut befahrbaren Verbindungen.
In jedem Jahr verkaufte die Genossenschaft mehr als tausendfünfhundert Jungsauen, alle ultraschallgetestet. War das nichts? Um unsere Stallanlagen pflanzten wir Ligusterhecken und legten Rosenanlagen an, pflanzten Bäume, und Grünanlagen umgaben die Baulichkeiten, auch das große Güllesammelbecken. In

den Ställen herrschte Sauberkeit und Ordnung. Öffentliches Lob und Tadel regten zur Genauigkeit an. Die bäuerlichen Kollektive waren weder faul noch liederlich.

Gewiss ist es richtig: Die Arbeitsproduktivität war zu niedrig. Richtig ist auch, die Konsumtion wurde vom Staat vorgegeben. (…) Nein, ich will die Vergangenheit nicht beschönigen, aber die LPG auch nicht kaputtreden lassen.

An einem Mecklenburger See und in Graal-Müritz an der Ostsee entstanden Urlaubseinrichtungen, in denen sowohl Einzelpersonen wie auch ganze Familien in sehr gut eingerichteten Bungalows Urlaub machen konnten, selbst in den Westbeskiden als Austauschobjekt – und dazu alles preiswert. Es war auch selbstverständlich, zu jeder Vollversammlung allen Anwesenden ein vorzügliches Frühstück und Mittagessen kostenlos zu servieren. Gleiches galt bei Festveranstaltungen der LPG. War das alles schlecht?

Die LPG hatte sich ein Kommunikationszentrum gebaut, das sowohl vom Raum und der Ausstattung über den Kreis hinaus als sehr gut bekannt war und deshalb gern benutzt wurde. Wir nannten es Kulturhaus! In diesem Haus gab es das Betriebsessen und andere gastronomische Einrichtungen. In dem Saal, nach dem sich manch eine Kleinstadt die Finger geleckt hätte, war Raum für Betriebsfeste, öffentliche Tanzveranstaltungen, Kreistags- und andere Tagungen. In den oberen Räumen feierten viele Mitglieder ihre Familienfeste aller Art, die anderswo viel teurer waren, aber keinesfalls Besseres boten. Unsere Bauhandwerker bauten viele neue Eigenheime für die Mitglieder, und die LPG gab noch zehntausend Mark gratis dazu. Auch andere Mitglieder bekamen Hilfe, sowohl durch die Handwerker als auch Transporthilfen zu günstigen Tarifen. Es gab Tierhalter, die individuell, also privat Schweine oder auch eine Kuh als Eigentum in den Hauswirtschaften hielten. Einige solcher Kühe standen mit im Stall der LPG. Diese gaben auch fünftausend Kilogramm Milch oder mehr pro Jahr, waren nie krank, brachten in jedem Jahr ein Kalb, erzeugten weder Mist noch Jauche und wurden, wenn der

Besitzer der Kuh im Urlaub war, genau wie alle anderen Kühe betreut. War das alles schlecht?

Alle Rentner hatten Anteil am Betriebsgeschehen, wurden zu jeder Festlichkeit eingeladen und erhielten eine kleine Ehrenrente von zwanzig Mark im Monat. War das verwerflich oder menschenfeindlich?

Jeder wird denken: So schreibt nur ein alter SED-Mensch. Nein, ich war stets parteilos, aber nie unparteiisch. (…)

Unsere Landwirtschaft war viel besser als ihr Ruf. Dieser Ruf wurde bewusst geschädigt, um schnell und billig aus der Konkursmasse einige fette Brocken zu erhaschen. Auch das politische Gerede von den Agrarfabriken entstand deshalb, weil die Fachleute der alten Bundesländer die LPG – ganz berechtigt – als wirkliche Konkurrenz ansahen und ihre »Zerschlagung« forderten. Gut geleitet werden die aus den LPG entstandenen Agrargenossenschaften mit Sicherheit die besten Chancen in der Zukunft haben.

Die gute alte Zeit auf dem Lande

Gott sei Dank, sie liegt so weit
zurück, die »gute alte Zeit«,
erscheint uns oft in mattem Schimmer,
Vergangenheit vergoldet immer.

Romantik, oft im Bild zu sehen
mit Feldern, Wiesen, Vieh und Höhen,
gemütlich in der Bäume Schatten
mit Bauern die g'rad' Hochzeit hatten.

Romantisch ist das dargestellt.
'S ist vieles falsch auf dieser Welt.
Natürlich war das Land noch bunt
mit Bauern, Pferden, Kuh und Hund.

Die Wirklichkeit in Hof und Haus,
sah allerdings ganz anders aus.
Man ging nicht barfuß, weil's gesund.
Zum Schuh fehlt's Geld, das war der Grund.

Vom Morgen, eh' der Hahn gekräht,
bis in die Nacht, also bis spät,
wird alles nur gemacht von Hand
zu dieser Zeit noch auf dem Land.

Im Sommer war das in der Regel
die Sense, die den Tag bestimmt.
Im Winter dann, da klopft der Flegel,
solang' ein Fünkchen Tag noch glimmt.

Ein Ei war nur zwei Pfennig wert,
ein Schwein nur fünfzehn Taler.
Der Lohn der Mühe war sehr karg
und der Verdienst ein schmaler.

Der Bauer zahlte den »Zehnten«
an Kirche und König.
Das war damals viel,
erscheint es heute auch wenig.

Ein Landarbeiter, genannt der Knecht,
verdiente damals auch sehr schlecht.
So zwanzig Taler für ein Jahr,
wenn er bei »guter Herrschaft« war.

Zerlegen wir ein Jahr in Stunden
und teilen es in Tag und Nacht,
dann hat ihm seine Arbeitsleistung
zwei Pfennig fast die Stund' gebracht.

Nun, Gott sei Dank, liegt sie so weit
zurück die »gute alte Zeit«.
Viel harte Arbeit, wenig Geld.
Wer das wohl für »Romantik« hält?

Heut' lebt man in der neuen Zeit,
die auch nicht jedermann erfreut.
Zur Besserung sucht man den Schlüssel
dazu in Deutschland und in Brüssel!

Immer wieder, vor allem nach der Wende, stellte ich mir die Frage: Gab es eine Alternative zu den LPGs? Dazu schaute ich mir die Situation in anderen Regionen Europas an. Auch im NSW, dem *Nichtsozialistischen Wirtschaftsgebiet*, führte die Entwicklung in der Landwirtschaft eindeutig zu Großbetrieben. Vorgemacht hatten es uns die Franzosen, die auch Agrargenossenschaften bildeten. Die Schweden versuchten ebenfalls ihre Betriebe in rentable Größen zu bringen. Im hessischen Kilianstädten existierten 1945 noch zweiundsiebzig größere und kleinere Landwirtschaftsbetriebe, 1990 waren es lediglich vier Höfe, 1996 noch drei. Im französischen Ort Chalais an der Charente gab es 1941 achtundsechzig Bauern, heute sucht man sie vergebens.

Diese Beispiele, die sich endlos fortsetzen ließen, sprechen für sich. Die Genossenschaften waren kein DDR-Relikt und die kleineren Höfe kein zukunftsverheißendes Allheilmittel.

Die Halde rutscht

Während Anfang der fünfziger Jahre der Kampf um LPG-Mitglieder in vollem Gange war, fanden russische Geologen in der kleinen Gemeinde Sorge-Settendorf nur drei Meter unter der Erdoberfläche Uran. Unter dem Namen *Wismut* begann nun ein großflächiger Abbau des Uranerzes, das die Sowjets für den militärischen und wirtschaftlichen Wettlauf mit den USA dringend benötigten. Schon 1953 fraßen sich die Tagebau-Bagger so dicht an Schmirchau heran, dass die ersten Einwohner den Ort räumen mussten. Vier Jahre später war in dem Dorf, wo ich einst zur Schule gegangen war, auch das Schicksal der letzten Schmirchauer besiegelt.

Der Bergbaubetrieb der *Sowjetisch-Deutschen Aktiengesellschaft*, der SDAG *Wismut*, wuchs so gewaltig, dass immer mehr Dörfer den Baggern weichen mussten. Riesige Abraumhalden von fünfzig und mehr Metern entstanden.

In einer Zeit, als von einer Halde noch nichts zu sehen und ich in Kauern für die Feldwirtschaft zuständig war, hatte ich eine Drainage aus dem nassen Boden abgeleitet. Sie lief in den Teich neben dem Gessener Friedhof hinein. Bei der Verlegung der Drainageröhren merkte ich, wie fruchtbar, aber auch wie locker der Boden war. Unter der obersten Bodenschicht befand sich Schiefer.

Dennoch wurde auf diese Flächen eine Halde mit einer Last von mehreren Millionen Tonnen aufgeschüttet.

Am 20. Oktober 1966 fuhr ich nach Ronneburg und sah, dass die Straße am Waldrand leicht angehoben war. Irgendetwas schien in Bewegung zu sein, mehr dachte ich mir aber nicht dabei.

Der darauffolgende Tag begann wie jeder andere. Meine Elfriede und ich begaben uns auf den Weg nach Kauern in den Stall.

Um neun Uhr gingen plötzlich die Sirenen. Es hieß: »In Gessen rutscht die Halde!«

Wir stiegen sofort auf das Motorrad und fuhren nach Hause. Dort sahen wir die Katastrophe: Die Halde rutschte mit zwei Metern pro Stunde und kam immer näher. Genau genommen rutschte nicht die Halde, sondern der Boden unter ihr.

Die Bäume wanderten mit, das Trafohäuschen kippte um. Damit war unser Dorf ohne Strom.

Da der Bach von der Halde zugeschüttet und zur Seite gedrängt wurde, musste sich das Wasser einen neuen Weg bahnen. In den tiefer gelegenen Häusern stieg das Wasser bis an die Decke im ersten Stock. Auch Ställe und andere Gebäude waren gefährdet.

Großes Glück hatte Schneidermeister Willy Funke, der Funken-Schneider. Er saß in seiner Werkstatt, als es auf einmal finster wurde, weil die Halde an seinem Haus vorbeirutschte. Da an seinem Haus der Schiefer jedoch bis an die Erdoberfläche reichte, gab das Gestein an dieser Stelle nicht nach, sodass sein Haus stehenblieb.

Die Halde rutschte über den Friedhof hinunter bis ins Tal in die Lehmgrube. Mit großem Entsetzen mussten wir alles mit ansehen. Nach knapp einer Woche kam die Halde vor der Bahnstrecke zum Stehen.

Am Abend trafen die Verantwortlichen der *Wismut*, der Sowjets und des Kreisrates sowie ein Stasigeneral vor Ort ein. Sie standen vor dem Haus von Vater Iwan und berieten die Lage. Nach dem Unglück waren wir Gessener wütend und erschrocken zugleich. Da versprach uns der Chef der *Wismut*: »Wir werden den Schuldigen finden.«

»Der Schuldige wird aber auch nicht alles wieder hinaufschaffen!«, entgegneten wir, denn wir ahnten schon, dass sie gar keinen Verantwortlichen finden wollten.

Als es um das Aussiedeln ging, erklärte die *Wismut*: »Wenn diese Leute hier ihre Heimat verlieren, wünschen wir, dass sie so entschädigt werden, dass sie nicht mit Grauen an diesen Tag zurückdenken.«

Gessen war für den Bergbau auch nach dem Haldenrutsch interessant, denn hier lagerte viel Lehm, der als Brandschutzmaterial für die Schächte benötigt wurde. Den hätte die *Wismut* sonst aus dreißig Kilometer Entfernung heranfahren müssen, was deutlich teurer gewesen wäre, als die Bewohner umzusiedeln und das kleine Gessen auszuzahlen.

Zwar war unser Hof vom Haldenrutsch unberührt geblieben, doch das Leben in Gessen wurde schwierig. Der Weg nach Ronneburg, der in der Luftlinie nur drei Kilometer betrug, verlängerte sich wegen der zugeschütteten oder gefährdeten Straßen auf dreißig Kilometer. Der Schulweg nach Kauern ließ sich querfeldein über die Feldraine noch bewältigen, aber zu den höheren Schulen führte kein Weg mehr. Auch die Bahn wurde der Gefahren wegen stillgelegt. Es musste von der *Wismut* eigens ein Busverkehr eingerichtet werden, weil das Dorf sonst kaum zu erreichen war. Doch die Streckenführung ging umständliche Wege.

Was sollten wir also tun? Schließlich kamen uns die Kontakte zu Dr. Stahl und Dr. Jähne vom Tiergesundheitsdienst zugute. Sie kannten den vorübergehenden LPG-Vorsitzenden von Niederpöllnitz, Dr. Horst Himmel. Dieser durfte seine Funktion nicht weiter ausüben, da er der *Demokratischen Bauernpartei Deutschlands* (DBD) angehörte. Er hatte angefangen, im sechsundzwanzig Kilometer entfernten Niederpöllnitz ein Haus zu bauen, war aber bereit, uns diesen Bau zu überlassen. Dieser glückliche Umstand verleitete uns schließlich dazu, die angestammte Heimat zu verlassen.

1968 schrieb ich in Niederpöllnitz ein Gedicht über unsere neue Heimat:

Gedanken zu einem Dorf

Viel Wald und Feld, rundum Natur.
Von Industrie noch keine Spur.
So zwischen Bahn und Auma-Bach
liegt Niederpöllnitz – und ich sag:
»Noch lebt sich's auf dem Stückchen Erde.«
Auf vielen Wiesen grast die Herde

von gelben, braunen, schwarzen Küh'n
mit Milch, um Kälber aufzuzieh'n.
Im Wald rundum lebt Reh und Schwein,
auch Mufflons setzt man wieder ein.
Ist's abgeerntet, über Stoppeln
auch hier und da noch Hasen hoppeln.

Hoch in der Luft, ich höre Schreie,
die Rufe einer Gabelweihe,
die sich in sanftem Segelflug
zur Mahlzeit noch ein Mäuschen sucht.

Vom Frühling bis zum Herbste, horch,
gastiert im Ort noch mancher Storch,
um in dem Hungerturm zu brüten.
Bald kommt die Zeit, ab geht's gen Süden.

Am Weiderteich an allen Seiten,
ganz dicht am Ufer in den Weiden,
da brüten auch die Enten, wilde,
und auch der Kiebitz ist im Bilde.

Genau betrachtet wäre dies'
ein kleines Stück vom Paradies.
Jedoch wir alle, trotz Verstand,
verderben dieses schöne Land.

Die zurückgelassene Heimat: Gessener Dorfansicht 1967 – Blick bergauf, in der Mitte links unser Hof

Blick bergab: In der Mitte rechts unser Haus, im Hintergrund die Haldenlandschaft

Unser neues Zuhause: Das Haus in Niederpöllnitz 1967 nach dem Umzug ...

... und 1970, als es fertig war

Hans Müller

Ein Leben für die Landwirtschaft – Aufstieg und Fall der LPG

Abrackern oder abhauen?

Schon als Neunjähriger musste ich kräftig mit anpacken. Ich unterstützte meine Mutter, die sich bemühte, unseren privaten Landwirtschaftsbetrieb zu halten. Mein Vater kehrte erst Ende 1947 nach Zühr zurück – als kranker und unterernährter Mann. Obwohl er sich von den Strapazen des Krieges und der Gefangenschaft nie mehr richtig erholte und seine Kräfte zusehends schwanden, konnte ich mir in den folgenden Jahren noch viel von ihm abschauen: Er motivierte mich für die Landwirtschaft, lebte mir das Bauerndasein vor. Er war mir ein guter Lehrmeister, bis er 1957 starb.

Meine Eltern, Bernhard und Gesina Müller, stammten aus dem Dorf Börgerwald im Emsland. Als während des Krieges in der Gegend ein Schießplatz ausgebaut worden war, um neue, weit reichende Waffen zu testen, hatten sie Haus und Hof verlassen müssen. So waren sie im Frühjahr 1940 mit meiner Schwester Wilhelmine und mir im mecklenburgischen Zühr gelandet.

In dem kleinen Ort – etwa vierzig Kilometer südwestlich von Schwerin und heute eingemeindet in die Stadt Wittenburg – waren für die Zwangsumsiedler Bauernstellen vorbereitet. Mit unserem Hab und Gut, samt Möbeln, Vieh und ein paar einfachen Landmaschinen, brauchten wir nur noch einzuziehen. Die Heimat zu verlieren schmerzte meine Eltern, doch schon bald hatten sie sich eingelebt, zumal der Boden in Mecklenburg viel fruchtbarer war.

Familie Müller vor ihrem Haus in Zühr, ca. 1950 (re. Hans)

Ich wusste schon früh, worauf es in der Landwirtschaft ankommt. Nachdem ich 1950 die Schule mit dem Abschluss der achten Klasse verlassen hatte, zeigte mir mein Vater, was es heißt, einen Hof zu führen. Oft nahm er mich auch auf Behördengänge mit – so lernte ich, mit welchen Ämtern ein Landwirt zu tun hat.

Ich war gerade achtzehn Jahre alt, als er 1954 an Magenkrebs erkrankte und die Verantwortung für unseren knapp zwanzig Hektar großen Betrieb an mich übergab. Mein Vater war zu schwach, um selbst noch mit anzupacken. Nun musste ich alle anfallenden Arbeiten auf dem Bauernhof erledigen, unterstützt von meiner Mutter und meiner Schwester Wilhelmine. Zusätzliche Hilfe bekam ich von Frau Kuckert, die mit zwei Kindern bei uns im Haus zur Miete wohnte.

Einen Traktor besaßen wir nicht, aber immerhin drei Pferde, die ich vor den Pflug, den Grubber oder die Eggen spannte. Auch andere Technik nutzten wir auf Feld und Wiese, beispielsweise einen Gabelheuwender oder einen Mähbinder. Dennoch blieb sehr viel schwere Handarbeit. Während der Kartoffel- und der Zuckerrübenernte standen mir gelegentlich ein paar Helfer aus unserem Dorf zur Seite – Arbeiter, die im Schichtbetrieb in den Fliesenwerken von Boizenburg beschäftigt waren und sich über einen Zuverdienst für ihre Familien freuten.

Es war nicht einfach. Als junger Bursche hatte ich natürlich auch andere Dinge im Kopf. Ich schaute, wo am Wochenende Tanz war – und blieb dann doch häufig daheim. Denn frühmorgens rief der Stall. Um den Hof zu führen, musste ich so manches entbehren.

Wäre es nicht besser, in den Westen abzuhauen? Mit diesem Gedanken spielte ich öfter. Letztlich tat ich es meiner Mutter zuliebe nicht. Sie hatte mich und meine Schwestern durch die schwierige Kriegs- und Nachkriegszeit gebracht und sich all die Jahre auf dem Hof abgerackert. Ich konnte sie nicht allein mit meinem kranken Vater zurücklassen. Also blieb ich und kümmerte mich weiter um den Betrieb.

Bei meinem Vater hatte ich gelernt, sparsam zu wirtschaften und Geld für den Notfall oder besondere Situationen zurückzulegen. Im Herbst 1958 ergab sich solch eine »besondere Situation«.

»Ich könnte ein neues Auto bekommen«, erzählte mir Emil Ressel, LPG-Vorsitzender aus Renzdorf, mit dem ich befreundet war. »Allerdings suche ich noch jemanden, der meinen alten Wagen übernimmt. Und der vor allem bar bezahlen kann!« Es handelte sich um einen etwa fünf Jahre alten Pkw vom

Typ F9 mit Dreizylinder-Zweitaktmotor – eins der ersten IFA-Modelle und Vorläufer des späteren Wartburg 311.

»Da bist du bei mir genau an der richtigen Adresse!«, freute ich mich über sein Angebot. Wer hatte schon ein eigenes Auto? Von meinen Ersparnissen konnte ich mir den Wagen sofort kaufen.

Plötzlich war ich viel beweglicher: Auf Wegen, die ich früher mit dem Fahrrad oder dem Pferdewagen zurückgelegt hatte, sparte ich eine Menge Zeit. Auch den einen oder anderen Ausflug unternahm ich nun mit meinem Auto.

In den Wintermonaten, wenn in der Landwirtschaft weniger Arbeiten anfielen, besuchte ich manchmal Bekannte aus Zühr, die nach Wandlitzsee in Brandenburg gezogen waren. Von dort aus fuhr ich hin und wieder mit der S-Bahn nach Ostberlin. Natürlich nutzte ich auch die Gelegenheit und stieg unterwegs in Westberlin aus.

Die erste Station im französischen Sektor war »Gesundbrunnen«. In den Geschäften war man auf Kundschaft aus dem Osten eingestellt – wir konnten dort mit unserem DDR-Geld bezahlen. Im Volksmund hieß es deshalb »HO Gesundbrunnen«. Wenn ich etwas Besonderes brauchte, Scheinwerfer für mein Auto zum Beispiel, wurde ich hier fündig. 1958 kaufte ich zu einem Tauschkurs von eins zu vier, bis 1960 stieg der Kurs auf eins zu zehn. Später kam manchmal auch meine Frau mit, wenn sie einen Mantel suchte oder andere Kleidungsstücke, die gerade modern, in den DDR-Geschäften aber nicht zu bekommen waren.

Schon damals hatte ich den Eindruck, dass der Grenzverkehr bei den ungleichen Währungen und dem horrenden Wechselkurs auf Dauer nicht gut sein konnte. Wer im Ostteil der Stadt wohnte und im Westen arbeitete, profitierte nicht nur von Steuervergünstigungen. Die sogenannten Grenzgänger tauschten ihren D-Mark-Verdienst zu den hohen Kursen und hatten ein Vielfaches an DDR-Geld in der Tasche.

Damit wurden unsere gut qualifizierten Werktätigen nach Westberlin gelockt. Andererseits gingen die Hausfrauen aus den drei westlichen Sektoren im Osten für wenig Geld zum Friseur oder, was viel schwerer wog: Sie kauften hier billige Lebensmittel ein. So war in Ostberlin für das vorhandene Warenangebot vergleichsweise viel Geld im Umlauf. Dies führte zu Engpässen, obwohl die DDR-Hauptstadt bereits besser versorgt wurde als der Rest der Republik. In den Kleinstädten und auf dem Lande fehlten die Koteletts und Rindersteaks oder andere Waren des täglichen Bedarfs. Das konnte nicht ewig so weitergehen. Es war klar: Eine Grenze musste gezogen werden, um den Ausverkauf zu verhindern.

Im Kuhstall zieht der Fortschritt ein

Auf meinen Touren nach Westberlin interessierte mich nicht allein das bessere Warenangebot in den Geschäften. Als ich im Januar 1958 das erste Mal hierher gekommen war, hatte ich ein anderes Ziel: Auf der Grünen Woche, die seit 1951 wieder jährlich in die Messehallen unterm Funkturm stattfand, wurde die neueste Landwirtschaftstechnik ausgestellt. Um einiges davon im Bild festzuhalten, hatte ich meinen Fotoapparat mitgenommen.

Besonders begeistert war ich von einer Melkmaschine. Ich erkannte sofort, dass diese Maschine dem Bauern viel schwere Handarbeit abnimmt. Und in der Zwischenzeit ließe sich sogar noch eine andere Arbeit im Stall verrichten!

Nachdem zu Hause die Filmrollen entwickelt waren, fuhr ich mit meinen Fotos nach Waschow. Dort gab es seit 1950 eine *Maschinen-Ausleih-Station,* kurz MAS genannt. Bereits zwei Jahre nach dem Krieg hatte man überall in der Sowjetischen Besatzungszone Traktoren, landwirtschaftliche Geräte und Maschinen von Großbauern beschlagnahmt und sie an die

Neubauern verteilt. Daraus waren schließlich zentrale Ma-
schinenparks hervorgegangen, die der Staat großzügig unterstützte. Klein- und Mittelbauern konnten sich hier günstig
Geräte ausleihen und hatten damit die Chance, unabhängig
von den Großbauern zu wirtschaften.

Stolz zeigte ich den Schlossern in der MAS meine Aufnahmen
von der Grünen Woche und bat sie, mir nach diesem Vorbild
eine Melkmaschine zu bauen. Rohre, Winkel, Absperrhäh-
ne – fertige Teile gab es nicht. Alles musste speziell angefertigt
werden. Die Rohre und Winkel bekam ich von der Metallge-
nossenschaft in Hagenow, die mir auch die Gewinde schnitten.
Nur die Vakuumpumpe und die Schläuche musste ich kaufen.
Während die Schlosser in Waschow noch schweißten und
schraubten, erkundigte ich mich in Hagenow beim Rat des
Kreises nach einem Lehrgang, bei dem ich das Maschinen-
melken lernen konnte. Es ging nicht nur um die Bedienung
der Anlage, das Melkgeschirr musste auch gewartet und gereinigt werden. Und wie war die Milch zu kühlen, damit sie halt-
bar bleibt für den Transport in die Molkerei? Alles war neu.
Für die Verantwortlichen aus den Landwirtschaftlichen Produktionsgenossenschaften, die in den vergangenen Jahren
entstanden waren, gab es entsprechende Lehrgänge. Ich hatte
Glück und durfte ebenfalls solch eine vierzehntägige Schulung in Güstrow-Schabernack absolvieren. Zum Üben fuhren
wir nach Elsterwerda, wo in einer LPG mit Viehwirtschaft
bereits eine selbst gefertigte Melkanlage in Betrieb war. Eine
Bäuerin molk dort fünfzehn bis zwanzig Kühe gleichzeitig –
eine kleine Sensation.

Meine Mutter blieb skeptisch: »Mit dem Gerät machst du
die Kühe kaputt!«, verwies sie auf die Argumente der Nachbarn. Besonders ihr Bruder Hermann Thomes hatte ihr ins
Gewissen geredet: »Woher weiß denn die Maschine, wann die
Milch zu Ende ist? Am Ende saugt ihr damit noch das Blut
aus den Kühen heraus!«

Doch wie man erkennt, ob noch Milch aus dem Euter läuft, und worauf sonst zu achten ist, das hatte ich bei der Schulung gelernt. Von all den Unkenrufen ließ ich mich nicht beirren. Als die Nachbarn schließlich das Brummen aus unserem Stall vernahmen, kamen sie neugierig an und staunten. Ich brauchte gar nichts zu sagen – die Propaganda machte meine Mutter. Als ich ihr zum ersten Mal die neue Anlage vorgeführt hatte, war sie begeistert, wie leicht und schnell das Melken vonstattenging.

Nun besuchte uns auch Hermann Lüpken, der Vorsitzende der ersten LPG von Zühr, mit seiner jungen Brigadierin Hannelore Semrau. Sie war für den Bereich Milchkühe, Schweine- und Rindermast zuständig. Das Ergebnis: Kurz darauf entschied sich die Genossenschaft, eine Melkmaschine aus Elsterwerda zu bestellen. Von dort belieferte man vorrangig LPGs Typ III, also jene Genossenschaften, die wie bei uns in Zühr Äcker, Maschinen und Tiere gemeinschaftlich nutzten. Die Melkanlagen wurden individuell zusammengestellt, je nach LPG-Größe und Bedarf. Die Nachfrage wuchs rasant. In Elsterwerda arbeiteten die Maschinenbauer in drei Schichten, um alle Wünsche zu befriedigen. Über die BHG, also die *Bäuerliche Handelsgenossenschaft,* erwarb die LPG von Zühr schließlich eine Melkmaschine für ihre hundertachtzig Kühe. Das Geld hatte sie selbst erwirtschaftet.

Der lange Weg zur LPG

Unser Hof blieb, über Vaters frühen Tod 1957 hinaus, selbstständig. Wir bauten Weizen, Roggen, Gerste, Raps und Hafer an, außerdem Kartoffeln und Zuckerrüben. Neben der Feldwirtschaft hielten wir dreizehn Kühe. Auch Schweine hatten wir im Stall – mitsamt der Ferkel manchmal bis zu neunzig Tiere. Die zogen wir nicht alle selber auf, vielmehr verkauften wir ständig an die LPG. Die Geburten von Kälbern oder Ferkeln zu betreuen ist recht aufwändig, daher bezog die Genossenschaft ihre Jungtiere lieber von den Einzelbauern. Das brachte uns gutes Geld und zählte – entsprechend des Gewichts der Ferkel und der etwas schwereren Läufer – als Abgabe von Schweinefleisch. Ich kam ganz gut zurecht.

Doch der Druck auf die Einzelbauern wuchs. SED-Leute, meist aus der Stadt, fuhren mit Lautsprecherwagen übers Land und warben für die sozialistische Umgestaltung: Vom privaten Bauernhof zur Landwirtschaftlichen Produktionsgenossenschaft! Die vielen kleinen Ackerflächen sollten zusammengelegt werden.

Auch durch unser Dorf rollten die Agitatoren. Aus den Lautsprechern schallten die Namen jener Bauern, die den »Fortschritt behinderten«, weil sie sich dem gemeinsamen Wirtschaften noch immer verweigerten.

Seit den frühen fünfziger Jahren hatte sich das staatlich geforderte Abgaben-Soll für die Einzelbauern ständig erhöht: Immer mehr Getreide, Milch und Schweinefleisch mussten wir liefern, vor allem jene, die mehr als das übliche Bodenreformland von maximal zehn Hektar bewirtschafteten. Gerade für die etwas größeren Betriebe war es nicht leicht, die wachsenden Vorgaben zu erfüllen. Manchmal blieben kaum noch »freie Spitzen« für den privaten Verkauf. Das machte auf die Dauer keinen Spaß.

Wer sein Soll nicht erfüllte, also nicht die geforderte Menge Lebensmittel »der Volkswirtschaft zuführte«, der musste Vertragsstrafen zahlen. Hatte er obendrein noch etwas »schwarz« verschoben – was für manchen lukrativ war –, landete er schnell hinter Gittern. Unter den Einzelbauern wuchs die Angst. Es gab nur zwei Alternativen, sich dem permanenten Druck zu entziehen: in den Westen gehen – oder in die LPG. Nicht wenige hatten sich für den Westen entschieden. Die verlassenen Höfe und herrenlosen Äcker gingen an die ÖLB über, *Örtliche Landwirtschafsbetriebe* unter staatlicher Verwaltung. In der ersten Hälfte der fünfziger Jahre entstanden, fassten diese Betriebe all jene Flächen zusammen, die von ihren Besitzern aufgegeben worden waren. Darunter etliche Neubauern, die mit der Bewirtschaftung überfordert waren, aber auch viele »Republikflüchtige«.

Bei uns im Dorf bildete der Betrieb des Bauern Dobbelmann die Grundlage für den ÖLB. Georg Dobbelmann war wie wir als Umsiedler aus dem Emsland nach Zühr gekommen und hatte 77 Hektar vom Resthof des ehemaligen Lehnguts bewirtschaftet. 1952 im Alter von siebzig Jahren hatte er seine Bauernstelle aufgegeben und war mit Erlaubnis der staatlichen Behörden zurück in seine alte Heimat gegangen. Als schließlich der Bauer Hermann Lüpken seine 55 Hektar Nutzfläche dazugab, wurde aus dem ÖLB die erste Landwirtschaftliche Produktionsgenossenschaft unseres Dorfes, eine LPG Typ III. Sie erhielt den Namen »Herrlicher Weg«, und Hermann Lüpken war seitdem LPG-Vorsitzender.

Die Örtlichen Landwirtschafsbetriebe, meist wirtschaftlich schwach, waren oft die ersten, die sich den neuen Genossenschaften angeschlossen hatten, oder auch den Volkseigenen Gütern wie in Wittenburg. Doch die LPGs hatten keinen guten Ruf. Denn auch jene waren schnell Mitglied geworden, die allein nicht gut wirtschaften konnten.

In unserem Dorf gab es überwiegend private Bauernstellen, die ihr Auskommen hatten. Deshalb wollte jeder Bauer lieber seinen eigenen Betrieb weiterführen. Selbst von denen, die nicht so gut dastanden, zögerten viele, sich mit den anderen zusammenzutun.

Als nun Ende der fünfziger Jahre die Einzelbauern immer nachdrücklicher umworben wurden, hielt eines Tages einer der Propagandawagen vor unserem Hof. Ich war noch jung und betrachtete die bevorstehende Entwicklung nicht ganz so skeptisch. Also bat ich den Herrn vom Rat des Kreises zu uns ins Haus. Er sollte meiner Mutter und mir die Bedingungen für eine LPG-Mitgliedschaft zumindest einmal genau erklären.

Meine Mutter kochte Kaffee und stellte ein paar belegte Brote auf den Tisch. Dann redeten wir in Ruhe über die Vorteile eines Zusammenschlusses. Ich ließ mir alles ausführlich erklären. Unter anderem erfuhr ich, dass es zinslose Kredite gab, um Maschinen anzuschaffen.

Mit moderner Technik waren viele Arbeiten leichter und schneller zu bewältigen – das lag auf der Hand. Langsam erkannte ich, dass es wohl richtig und notwendig war, die Ackerflächen zusammenzulegen. Denn größere Felder konnte man mit größeren und besseren Maschinen bearbeiten und damit kostengünstiger produzieren. Letztlich würde sich das Leben für die Menschen auf dem Land verbessern.

In den nächsten Tagen unterhielt ich mich mit den Bauern aus der Nachbarschaft. An der Albertinenhofer Straße lagen zehn landwirtschaftliche Betriebe. Später sprach ich auch mit anderen Bauern aus unserem Dorf. Überall wurde ähnlich diskutiert.

Wir hatten begriffen, dass die Entwicklung nicht aufzuhalten ist. Uns der LPG »Herrlicher Weg« anzuschließen, stand nicht zur Debatte. Also überlegten wir, wie wir selbst beginnen konnten. Schließlich luden wir einen Verantwortlichen vom Rat des Kreises ein, der vor den Bauern aus unserer Straße sprach.

Nach dieser Zusammenkunft entschieden wir: Wir schließen uns zusammen! Jeder bringt sein Land ein, das Vieh und die Ställe bleiben in privater Hand.

Da es sich von der Lage der Ackerflächen besser gestalten ließ, entstanden zwei Arbeitsgruppen. Die fünf Bauernhöfe am oberen Ende unserer Straße bildeten eine Brigade, ebenso die fünf Höfe vom unteren Ende. Was angebaut werden sollte oder wer wo zu arbeiten hat, entschieden wir zusammen. Jede Brigade war gemeinsam für die Bodenbearbeitung, den Anbau und die Ernte verantwortlich. Die vorgegebenen Soll-Abgaben von der ersten eingefahrenen Ernte mussten wir allerdings noch einzeln liefern – jeder bäuerliche Betrieb entsprechend seiner Ackerfläche.

Vereint unter zwei Linden

Schon bald nachdem wir die beiden Brigaden gegründet hatten, fragten die Bauern vom anderen Ende der Albertinenhofer Straße: »Wollen wir nicht zusammenrücken?«
Das schien auch uns der richtige Schritt. So gründeten wir am 26. März 1960 eine Landwirtschaftliche Produktionsgenossenschaft Typ I. Alle zehn Bauern brachten ihr Land ein – die kleinste Fläche knapp vierzehn, die größte fast vierundzwanzig Hektar groß, zusammen exakt 176,4 Hektar. Wir mussten uns nur noch auf einen Namen einigen. Der war schnell gefunden: Weil in unserer Straße zwei große Lindenbäume standen, nannten wir uns LPG »Zweilinden«.
Als LPG-Vorsitzenden wählten wir Willi Sandker. Da er unter den Folgen einer Kriegsverletzung litt, konnte er keine körperlich schweren Arbeiten verrichten. Als unser rechtlicher Vertreter kümmerte sich Willi nun um sämtliche Büroarbeiten. Ich selbst wurde bei der Gründungsveranstaltung zum Brigadier gewählt. Darum hatte ich mich nicht gerissen, doch einer musste es tun. Und Willi hatte mich überredet: »Du kannst das!«
Zwei Wochen später ließen wir unsere Genossenschaft offiziell beim Rat des Kreises registrieren. Auch die Bauern an der Kütziner Straße folgten unserem Beispiel und legten ihr Land in der LPG »Gerechtigkeit« zusammen, ebenso wie die Bauern an der Körchower Straße in der LPG »Einigkeit«.

Gründungsprotokoll der LPG »Zweilinden«

Im Sommer des gleichen Jahres heiratete ich meine Helene. Im Sudetenland geboren, war sie 1946 mit ihrer Mutter und ihren Schwestern Edeltraut und Ingrid nach Mecklenburg gekommen. Seit ein paar Jahren wohnte Helene bei der Familie von Hermann Lüpken in Zühr, wo sie als Haushaltshilfe arbeitete. Wir waren uns gelegentlich beim Kirchgang begegnet, später auf den samstäglichen Festen in Körchow und Camin. In diesen beiden Dörfern gab es einen Saal. Dort spielten Kapellen zum Tanz auf, wobei die sudetendeutschen

Musiker für bessere Stimmung sorgten als jene, die wie wir aus dem Emsland stammten.

Unsere Hochzeit feierten wir am 19. Juli 1960. Wir hatten alle Verwandten und Nachbarn in unsere Scheune eingeladen und eigens ein Schwein und mehrere Hühner geschlachtet. Zum Tanzen streuten wir einen halben Sack Rapskörner auf den Zementfußboden, damit wir uns besser drehen konnten. Es war ein wundervolles Fest.

Als Brigadier der LPG »Zweilinden« teilte ich jeden Tag die Arbeit auf den Feldern ein. Ich kontrollierte die erledigten Aufgaben und war verantwortlich für die tägliche oder wöchentliche Lohnabrechnung. Um mir das theoretische Wissen für meine neue Funktion anzueignen, begann ich einen zweijährigen Meister-Lehrgang an der Kreis-Landwirtschafts-schule in Quassel. Tagsüber arbeitete ich, am Abend las ich die Bücher und studierte.

Anfangs hatten wir noch viele junge Leute. Doch als sie sahen, dass die Arbeit nicht besonders gut bezahlt wurde, waren sie bald verschwunden. Das brachte einige der älteren Bauern in Schwierigkeiten: Die mithelfenden Söhne fehlten nicht nur in der privaten Viehwirtschaft auf dem Hof, am Ende des Jahres mussten die Väter sogar das Familieneinkommen anzapfen, um von der LPG für bares Geld zusätzliches Futter für die Tiere zu kaufen. Zwar erhielt jede Familie eine bestimmte Menge Futtermittel kostenlos. Doch diese Menge richtete sich nach den mit Gründung der LPG errechneten Arbeitseinheiten, die jedes Mitglied auf den gemeinsam bewirtschafteten Feldern zu leisten hatte. Fehlte nun eine Arbeitskraft oder sogar mehrere, weil die jungen Männer lieber in der Stadt mehr Geld verdienten, erhielt die Familie entsprechend weniger Futtermittel von der LPG.

Am Ende ging die Rechnung für manchen Bauern nicht auf: Die jungen Leute brachten mehr Geld nach Hause, doch für die private Tierhaltung fielen hohe Zusatzkosten an. Auch mein Onkel Hermann Thomes, der größte Bauer im Dorf, zahlte in seinem ersten LPG-Jahr drauf. Seine Frau war krank, der Sohn arbeitete – wie viele andere – in der Wittenburger Ziegelei. Mein Onkel schimpfte fürchterlich.

»Ihr müsst eure Söhne zurückholen«, versuchte ich den betroffenen Bauern klarzumachen, »sonst schafft ihr es nicht!« Zwei Jahre nachdem die jungen Männer aus der LPG ausgetreten waren, kamen sie alle wieder zurück. Sie mussten erneut einen Antrag auf Mitgliedschaft stellen. Nur die Vollversammlung konnte über die Aufnahme entscheiden. Selbst wenn der LPG-Vorsitzende sich persönlich für jemanden eingesetzt hätte, weil er ihn kennt und schätzt – ohne das Ja der Mitglieder-Vollversammlung hätte es keine Chance gegeben.

Um den Lohn zu berechnen, hatten wir in der Genossenschaft genormte Arbeitseinheiten (AE) eingeführt. Für das Pflügen beispielsweise wurde ermittelt, wie viel Meter man in einer Stunde schaffen kann. Die Normkommission unserer LPG berechnete die Arbeitseinheiten und bewertete sie jedes Jahr nach den Vorgaben vom Rat des Kreises neu. Der AE-Wert durfte nicht höher sein als der Gewinn, der erwirtschaftet wurde.

Aus dem durchschnittlichen Wert der Arbeitseinheit, der sich von LPG zu LPG unterschied, wurde schließlich das Einkommen entsprechend der Qualifikation berechnet. Lag der Jahreslohn anfangs bei 8000 Mark, steigerte er sich im Laufe der Zeit auf 15.000. Manche Leute verdienten gar 17.000 oder 18.000 Mark. Dies kontrollierte der Rat des Kreises und verglich die Werte mit den Ergebnissen des Vorjahres. Letztlich mussten wir unseren Verdienst dort genehmigen lassen.

Gewiss, die Vergütung war nicht üppig. Dafür kam der Lohn regelmäßig und pünktlich. Es gab sechs Lohngruppen, je nach Qualifikation: Frauen ohne Berufsabschluss, Jugendliche, die sich in den Ferien Geld fürs Moped verdienten, oder Saisonkräfte waren am niedrigsten eingestuft. Facharbeiter erhielten einige Prozent zum monatlichen Grundlohn dazu, Meister noch etwas mehr – und mit einem Staatsexamen verdiente man am besten. Gut standen auch die Spezialisten da, die die Landmaschinen führten, Kran- oder Mähdrescherfahrer. Die Leute im Stall verdienten ebenfalls recht gut – durch die Rundumversorgung der Tiere erhielten sie viele Sonn- und Feiertagszuschläge.

Auch der Urlaubsanspruch war gestaffelt: Die unqualifizierten Arbeitskräfte erhielten achtzehn Tage, während ich als Brigadier auf vierundzwanzig Tage bezahlten Urlaub kam. Verglichen mit der Arbeit als Einzelbauer waren fester Lohn und geregelter Urlaub – egal in welcher Höhe – ein Segen.

Zu Beginn eines jeden Jahres reichten wir beim Kreis unseren Plan ein: Wir legten fest, auf wie viel Hektar unserer Flächen wir Kartoffeln, Getreide, Zuckerrüben oder Raps anbauen, wie viel wir ernten und abliefern wollten. Diese Aufgabe lag in meiner Hand. Oft saß ich zu Hause bis weit in den Abend und schrieb. Die Pläne während der Arbeitszeit zu berechnen, das war kaum zu schaffen, zudem fehlte mir tagsüber die nötige Ruhe.

Anschließend ging es zur Planverteidigung. Der Rat des Kreises mit seinen Abteilungen – zuständig für Planung, Finanzen, Neuererwesen, Statistik oder Wettbewerb – kontrollierte, welche Gelder wir für Lohn, Maschinen, Düngemittel, Saatgut oder Reparaturen auszugeben gedachten. Der geplante Gewinn wurde überprüft und ebenso, wie realistisch unsere Vorhaben waren. Im besten Fall bestätigte der Kreis den Plan. Im Falle einer Ablehnung hätten wir nacharbeiten müssen, doch kam dies praktisch nie vor.

Wir konnten vieles berechnen – nur das Wetter nicht, das die Erträge entscheidend mitbestimmte. Das Risiko einer schlechten Ernte war immer gegeben. Also wurde im Laufe des Jahres nur achtzig Prozent des Lohnes ausgezahlt. Dieses Geld hatte die LPG auf dem Betriebskonto zur Verfügung. Im Sommer und Herbst wuchs der Kontostand durch den Verkauf der Erzeugnisse. Fiel die Ernte gut aus, zahlten wir am Jahresende den Überschuss nach Abzug aller Kosten an die LPG-Mitglieder aus.

Die Konzentration geht weiter

1968 war die LPG Typ III »Herrlicher Weg« finanziell am Ende. Sie waren so schwach, dass sie nicht einmal einen Kran bei der *Maschinen-Traktoren-Station* mieten konnten, um ihren Misthaufen auf den Anhänger zu laden und auf den Acker zu fahren. Wie sollte es weitergehen?

Es gab verschiedene Gedankenspiele: Entweder die LPG Typ III aus Zühr schließt sich mit der des Nachbarortes Körchow zusammen. Oder die Bauern der drei in unserem Dorf ansässigen Genossenschaften vom Typ I vereinigen sich mit denen vom »Herrlichen Weg«.

Mehrere Gemeindeversammlungen wurden abgehalten, bis sich die Zührer nach langen Diskussionen schließlich auf einen Zusammenschluss der vier LPGs in unserem Ort einigten. Nach ersten Vorbereitungen im Herbst folgte zum Ende des Jahres 1968 die offizielle Vereinigung. Unsere neue »LPG Typ III mit privater Tierhaltung« war aus der Taufe gehoben. Sie erhielt den Namen »Freundschaft«.

Da die Bauern der LPG »Herrlicher Weg« neben ihren Ackerflächen auch Tiere sowie Gebäude und Technik für die Viehwirtschaft in die neue Genossenschaft eingebracht hatten, entrichteten die Bauern der ehemaligen LPGs Typ I einen zuvor ermittelten Inventarbeitrag. Jeder konnte selbst entscheiden, ob er mit Bargeld zahlt oder mit lebenden Tieren. Die Höhe des errechneten Betrags richtete sich nach der Größe der jeweiligen Bauernstelle. Und weil nicht jeder dazu in der Lage war, musste nicht auf einen Schlag komplett eingezahlt werden – dafür blieben sechs Jahre Zeit.

Die Bauern der ehemaligen LPGs Typ I durften etwas Wiesenland zur privaten Nutzung behalten und eine bestimmte Menge Rüben und Kartoffeln anbauen, um weiterhin Kühe oder Schweine für den privaten Bedarf oder zum Verkauf zu halten. Die Bauern, die nicht mehr die Kraft hatten, ihr Vieh selbst zu versorgen, brachten die Tiere in die Genossenschaft ein. Sie kamen in den großen Ställen des ehemaligen Gutes unter. Die Technik wurde gemeinschaftlich genutzt und gewartet, und die Ackerfläche hatte sich ein weiteres Mal vergrößert. Letztlich waren die meisten Bauern zufrieden.

Vier Jahre später folgte ein nächster Schritt: Die bislang eigenständigen Genossenschaften der Dörfer Zühr, Kützin, Wulfskuhl, Camin und Lehsen sollten sämtliche landwirtschaftlich genutzten Ackerflächen zusammenlegen und eine *Kooperative Abteilung Pflanzenproduktion* bilden, kurz KAP genannt. Dies geschah seit Ende der sechziger Jahre vielerorts, um die Landwirtschaft weiter zu industrialisieren, die Bewirtschaftung der Felder noch effektiver und rentabler zu gestalten. Unter anderem sollten künftig Agrar-Flugzeuge zum Einsatz kommen. Damit wurde es möglich, angrenzende Ackerflächen von verschiedenen Dörfern zu bearbeiten, zum Beispiel Dünger oder Schädlingsbekämpfungsmittel aus der Luft zu versprühen.

Gleichzeitig wurden in den Dörfern, die ihr Land in die KAP eingebracht hatten, neue Genossenschaften für die Tierproduktion geschaffen. Diese LPG-T besaßen eigenes Weideland. Die Futtermittel, also Rüben, Kartoffeln, Mais sowie Heu und Stroh, bezogen sie von der KAP. Später vereinigten sich auch einige dieser Betriebe zu größeren Genossenschaften.

Zum Vorsitzenden der neuen KAP Camin wurde Günter

Kuhwald gewählt, der schon vorher eine LPG geleitet hatte. Unseren Betriebssitz richteten wir in Wulfskuhl ein.

Für mich bedeutete die Fusion viel Arbeit: Bereits seit Gründung der LPG »Freundschaft« war ich in der Leitung als Ökonom tätig, im Fernstudium hatte ich es bis zum Diplomingenieur gebracht.

Hatte jede der beteiligten Genossenschaften bislang ihre eigenen Normen, andere Arbeitseinheiten und damit andere Lohnzahlungen, mussten wir nun alles neu berechnen, um die Werte anzugleichen. Die Traktoristen beispielsweise, die jetzt alle im selben Betrieb arbeiteten, konnten schließlich nicht unterschiedlich verdienen, nur weil sie aus verschiedenen Dörfern kamen. Wir bewerteten sämtliche Tätigkeiten und Leistungen neu. Der Rat des Kreises Hagenow überprüfte unsere Berechnungen und zog einen Rechtsanwalt aus dem nahe gelegenen Vellahn hinzu, damit das Ganze auch rechtlichen Bestand hatte. Es gab keine Beanstandungen.

Für die Bauern änderte sich der Arbeitsalltag: Die bisherigen Kollektive wurden aufgelöst, neue mit den Bauern aus den umliegenden Dörfern zusammengestellt, um die Großtechnik, die nun immer häufiger eingesetzt wurde, im Schichtbetrieb zu bedienen. Die Brigaden mussten flexibel sein. Regnete es an einem Ort, wurden sie am gleichen Tag per Funkgerät an einen anderen Einsatzort gerufen. Wir standen mit allen Brigadieren in ständiger Verbindung. Wenn auch die Wege für manchen ab und zu länger waren, die Arbeit ließ sich auf diese Weise effektiver bewältigen.

Um den gewachsenen Betrieb zu verwalten, benötigten wir zudem mehr Bürokräfte. Das Personal dafür wollten wir aus den eigenen Reihen gewinnen, denn unsere eigenen Leute kannten die Struktur der Genossenschaft am besten.

Meine Frau Helene nutzte diese Gelegenheit für eine berufliche Veränderung. Bisher hatte sie bei uns in Zühr im Feldbau gearbeitet, jetzt wechselte sie ins Büro. Gleichzeitig begann sie eine Ausbildung an der Landwirtschaftsschule in Quassel, um sich für die neuen Aufgaben zu qualifizieren. Zwei Jahre drückte sie die Schulbank, bis sie den Abschluss als Facharbeiter für Buchführung und Lohnbuchhaltung in der Tasche hatte.

Trotz mancher Schwierigkeiten hatte sich bald alles eingespielt – die Pflanzenproduktion unserer fünf Dörfer war erfolgreich zusammengeführt. Damit war es an der Zeit, weiter zu wachsen.

Eine Kooperative Abteilung Pflanzenproduktion bewirtschaftete Mitte der siebziger Jahre durchschnittlich rund viertausend Hektar. Unsere KAP war mit zweitausend Hektar gerade halb so groß. Nun beschloss der Rat des Kreises, auch das Volkseigene Gut Wittenburg mit 900 Hektar Land sowie die LPG Körchow, die noch selbstständig agierte, in die KAP zu integrieren. Zum 1. Januar 1976 brachten die Ortschaften Körchow, Perdöhl, Wittenburg, Helm und Klein Wohlde ihre Ackerflächen in den Betrieb ein. Aus der kleinen wurde eine große Kooperative: die KAP Wittenburg/Camin. Zum neuen Vorsitzenden wurde Dietrich Popp bestimmt, der Leiter des VEG Wittenburg. Günter Kuhwald übernahm die Funktion des Stellvertreters.

Als neuen Betriebssitz fassten wir das ehemalige Herrenhaus von Lehsen ins Auge: Es war groß genug, um alle Abteilungen an einem Standort unterzubringen, zudem konnten wir das Gebäude damit vor dem Verfall bewahren. Nach dem Zweiten Weltkrieg waren hier Flüchtlinge und Umsiedler untergebracht, später wurde es als Kreiskinderheim genutzt, seit ein paar Jahren stand es zu großen Teilen leer. Wir erwarben das Gebäude und sanierten es mit eigenen Handwerkern.

Wieder war ich gefragt. Denn neben vielem anderen stellte sich diesmal die Frage, wie die auf einem Staatsgut übliche Vergütung an die Entlohnung in einer Genossenschaft anzugleichen ist. Die Beschäftigten des VEG Wittenburg waren Angestellte mit einem Arbeitsvertrag, ihr Einkommen wurde versteuert. LPG-Mitglieder dagegen zahlten keine Lohnsteuer. Sollten sie künftig mehr Geld in der Tasche haben? Wenn zwei Leute die gleiche Arbeit machen, müssen sie auch gleich entlohnt werden. Also glichen wir die Differenz von durchschnittlich tausend Mark im Jahr – etwa ein Monatslohn, abhängig vom Jahresertrag und der individuellen Leistung – über die Jahresendprämie aus. Ich berechnete für jeden Einzelnen den Betrag, der auf die Prämie draufgesetzt wurde. Letztlich, und das war das Wichtigste, hatten alle etwa gleich viel in ihrer Lohntüte.

1979 war die Umwandlung der ehemals eigenständigen Landwirtschaftsbetriebe erfolgreich abgeschlossen. Mit einer Gesamtfläche von 5500 Hektar hatten wir unsere endgültige Größe erreicht. Die KAP wurde umbenannt in LPG Pflanzenproduktion Wittenburg. Mit dieser Namensänderung war die neue Genossenschaft ein juristisch selbstständiger Betrieb.

Bauernstube, Badeanstalt und Jugendklub

Rund dreihundert Arbeiter und Genossenschaftsmitglieder zählte unser Landwirtschaftsbetrieb. Rund zweihundertfünfzig von ihnen standen aktiv im Arbeitsprozess. Einige junge Mütter blieben vorübergehend mit den Kindern zu Hause, unsere Rentner genossen ihren Ruhestand. Zu Weihnachts- oder Frauentagsfeiern luden wir jedoch alle ein.

Schon früher, zu Zeiten der einzelnen Genossenschaften in den Dörfern, hatten wir es recht großzügig gehandhabt, wenn mal eine der Frauen wegen kranker Kinder oder zum Wäschewaschen zu Hause bleiben musste. Mit Gründung der KAP richteten wir für jede Frau, die Vollzeit arbeitete, regulär einen bezahlten Haushaltstag pro Monat ein – so wie es in der DDR für alle berufstätigen Mütter und verheirateten Frauen üblich war.

Die Bauern in der Bundesrepublik konnten von solchen Regelungen nur träumen. 1983 durfte ich mit meiner Mutter und meiner älteren Schwester Wilhelmine zur Hochzeit meiner Schwester Adele ins Emsland fahren, die noch vor dem Mauerbau in den Westen gegangen war. Dort sah und hörte ich mich um und führte viele Gespräche. Zu Hause warteten alle gespannt, was ich wohl von dieser Reise berichten würde. »Nee, das System dort gefällt mir überhaupt nicht«, fasste ich meine Eindrücke zusammen. Mir hatten sich viele Alltagsszenen aus dem Landleben eingeprägt. »Unsere Bauern hier verkaufen waggonweise Kartoffeln«, erklärte ich, »dort bieten die Landwirte ihre Kartoffeln in kleinen Mengen am Straßenrand an.« Das war doch keine Perspektive!

Außerdem hatte ich erfahren, dass viele Leute auf dem Land kaum oder gar nicht versichert waren. Sie bekamen ihr Geld schwarz auf die Hand. Und viele arbeiteten einfach als mithelfende Familienangehörige im kleinbäuerlichen Betrieb. »Habt ihr eigentlich einen Arbeitsvertrag?« hatte ich gefragt.

Davon war natürlich keine Rede.

»Und was ist mit eurer Rente?«

Da machten sie nur große Augen – und sagten nichts.

Die LPG-Bauern hatten nicht nur ihre gesicherte Altersver-sorgung, es gab auch geregelten Urlaub. Unsere Mitglieder konnten betriebseigene Ferienhäuser auf Rügen, auf der Insel Poel oder am Sternberger See nutzen. Ihre Urlaubswünsche meldeten sie bei der LPG-Leitung an. Frauen mit Kindern wurden im Sommer vorrangig berücksichtigt – die Männer standen in der Pflicht, die Ernte einzuholen. Ob sie unter Umständen gemeinsam mit ihrer Familie in die Ferien fahren konnten, berieten wir in der Leitung. Natürlich brauchten wir bei der Ernte jeden Mann.

Bei einer späteren Reise zu meinen Verwandten ergab sich zufällig ein Kontakt zum niedersächsischen Bauernverband – auf einer Veranstaltung lernte ich den Vorsitzenden des Kreis-verbandes Bremervörde kennen.

Bald darauf konnte ich ihn über die VdgB, die Vereinigung der gegenseitigen Bauernhilfe, zusammen mit einigen Land-wirten aus Bremervörde in die DDR einladen. Unsere Gäste zeigten sich nicht nur von der großflächigen Feldwirtschaft beeindruckt, von unserer Technik und der hochmodernen Kartoffelsortieranlage in Wittenburg, die wir gemeinsam mit unseren LPG-Kollegen aus Scharbow und Boddin nutzten. Sie staunten auch über unsere Gemeinschaftsküche in Leh-sen und die Bauernstube in Perdöhl, die wir ebenfalls mit LPG-Geldern eingerichtet hatten.

Wenn wir unsere Finanzen gut planten, blieb am Ende des Jah-res nach Abzug sämtlicher Ausgaben noch einiges übrig. Als Ökonom jonglierte ich mit hohen Summen und war bestän-dig am Rechnen. Den erwirtschafteten Gewinn durften wir als LPG im Territorium einsetzen, brauchten die Gelder also nicht an den Staat abzuführen. So wurden Straßen ausgebaut oder repariert, in den Dörfern die Gehwege befestigt. Wir modernisierten Kultureinrichtungen und beteiligten uns an der Finanzierung von Kindergärten. In Wittenburg erneuerten wir die Badeanstalt, in Körchow bauten wir einen Jugendklub.

Neben der Betriebsküche in Lehsen hatten wir zwei weitere in Körchow sowie in der ehemaligen Schule von Zühr (heute Gemeindehaus). Auch ich hatte hier einst Lesen, Schreiben und das Einmaleins gelernt, bevor die Schule nach Wittenburg verlegt worden war. Ein Bus brachte die Kinder in den Nachbarort. Nun war in dem alten Schulgebäude eine unserer Gemeinschaftsküchen untergebracht, den danebenliegenden Raum nutzten wir als Speisesaal.

Das Essen wurde durch die LPG gestützt. Siebzig Pfennig zahlten die LPG-Mitglieder für eine Mahlzeit. Unsere Rentner konnten in Lehsen, Zühr oder in Körchow sogar für fünfzig Pfennig zu Mittag essen. Dafür erhielten wir von der *Volkssolidarität* einen Zuschuss. Die Frauen aus der Lohnbuchhaltung führten genau Buch, wer von den Rentnern dieses Angebot in Anspruch nahm, und rechneten zum Monatsende ab.

Auch über andere gesellschaftliche Vereinigungen und Organisationen versuchte ich beständig, Gelder für unsere Beschäftigten locker zu machen. Stellten die Kollektive etwas über die *Gesellschaft für Deutsch-Sowjetische Freundschaft* auf die Beine, gab es dafür Zuschüsse, ebenso für Veranstaltungen zum Frauentag.

Wurde das Brigadebuch ordentlich geführt und mit kleinen Berichten, Fotos oder Zeichnungen besonders gut gestaltet, konnte im »Titelkampf« – also im Wettbewerb der Brigaden um den Titel »Kollektiv der sozialistischen Arbeit« – einiges an Geld abfallen. Zudem wurde aktives Neuererwesen belohnt, wenn die Kollektive oder Einzelpersonen konkrete Vorschläge auf den Tisch legten, wie Arbeitsabläufe verbessert oder Kosten eingespart werden konnten.

Weniger um Geld, eher um unseren beruflichen Nachwuchs

ging es mir bei meinem Engagement an der Wittenburger Lenin-Oberschule. Achtzehn Jahre lang, während unsere drei Kinder, Gerhard, Gudrun und Benno hier lernten, war ich Vorsitzender im Elternaktiv.

Im Elternbeirat der Schule kümmerte ich mich darüber hinaus um die Berufsorientierung. Schüler der Oberstufe, die in die Landwirtschaft gehen wollten, konnte ich mit einer Fahrschulausbildung auf dem Traktor locken. Treckerfahren – das war natürlich etwas für die Jungs! Zudem gab es mit diesem Führerschein die besseren Ferienjobs. Die Arbeit mit dem Traktor war nicht nur leichter, als beispielsweise mit schweren Strohballen zu hantieren, sondern auch noch besser bezahlt.

Lernen, lernen, nochmals lernen …

»Man lernt sein ganzes Leben lang«, hatte mir mein Vater einst mit auf den Weg gegeben, »denn das Leben bringt immer wieder Neues.« So war es für mich selbstverständlich, dass ich mich als Brigadier unserer jungen LPG »Zweilinden« von 1960 bis 1962 berufsbegleitend zum »Meister für Landwirtschaft« qualifizierte.

Kaum hatte ich die Ausbildung erfolgreich abgeschlossen, folgte schon die nächste: Über den Rat des Kreises wurde ich von unserer LPG zum Fernstudium an der Landwirtschaftsfachschule »Nikos Belojannis« in Güstrow-Bockhorst delegiert. Wieder saß ich abends über den Büchern. Alle zwei Monate fanden wir uns zum Wochenend-Seminar in Güstrow ein. Einige Kommilitonen, darunter auch LPG-Vorsitzende, kamen ebenfalls aus unserem Kreis – so wechselten wir uns mit dem Autofahren ab. Nach vier anstrengenden, aber schönen Jahren war ich Agraringenieur für Pflanzenproduktion. Dieses Studium, so stand es seinerzeit in der Zeitung, kostete pro Teilnehmer 120.000 DDR-Mark. Das wurde vom Staat finanziert.

Und damit nicht genug: Unmittelbar im Anschluss hängte ich noch ein Fernstudium an der Universität in Rostock an. 1968 hatte ich schließlich mein Diplom in der Tasche. Die verkürzte Studienzeit von nur zwei Jahren war eine Sonderreglung für Werktätige, die so wie ich bereits einen Fachschulabschluss im Fernstudium erworben hatten.

Dass ich mich beruflich bis zum Diplomingenieur weiterentwickeln konnte, verdanke ich vor allem auch meiner Frau Helene. Über viele Jahre hielt sie mir für Beruf und Studium den Rücken frei, kümmerte sich neben ihrer eigenen Arbeit um die Kinder und unsere private Viehwirtschaft. Hätte sie mich nicht all die Jahre so gut unterstützt, wären mein Studium, die vielen Schulungen und Lehrgänge kaum möglich gewesen.

Als Ökonom unserer LPG hielt ich die Verbindung zum Kreis. Ich verbrachte viel Zeit auf Versammlungen, nicht zuletzt weil ich ehrenamtlich in vier Kommissionen beim Rat des Kreises mitarbeitete: Wettbewerb, Ökonomie, Statistik und Planung. Immer wieder traf ich bei solchen Gelegenheiten andere LPG-Vorsitzende, andere Ökonomen in Leitungsfunktionen, mit denen ich diskutierte. Ich las viel Fachliteratur, hielt häufig Vorträge, verfasste zahllose Berichte.

Außerdem war ich Mitglied in der *awig*, der Agrarwissenschaftlichen Gesellschaft der DDR, die 1960 als Berufsorganisation für Hoch- und Fachschulabsolventen, Meister, Leitungskader und Spezialisten der Land-, Forst- und Nahrungsgüterwirtschaft in allen Bezirken und Kreisen der DDR gegründet worden war. Ich leitete die Betriebsgruppe unserer LPG, kümmerte mich um die fachliche Weiterbildung und sorgte dafür, dass neueste wissenschaftliche Erkenntnisse in die Praxis einfließen. Ich unterstützte die Neuererarbeit, organisierte Erfahrungsaustausche, Exkursionen und Leistungsvergleiche, auch mit den Partnergesellschaften unserer sozialistischen Nachbarn.

Zu zwei staatlichen Landwirtschaftsbetrieben in Polen, vergleichbar mit unseren VEGs, hatte ich besonders intensive Kontakte aufgebaut. Mit etwa fünfundzwanzig Leuten, so viel wie in einen unserer vier kleinen LPG-Busse passten, machten wir uns regelmäßig für ein paar Tage auf den Weg ins Nachbarland. Unterkünfte vor Ort organisierten die Gastgeber. Manchmal reisten wir zu einem Feuerwehr-Ausscheid oder einfach nur zum Erfahrungsaustausch. Ein Hauch von Trinkerfestspielen war auch dabei – immer lustig und freundschaftlich.

Kamen unsere polnischen Partner zum Gegenbesuch, quartierten wir sie in der umgebauten Schule in Zühr ein, wo wir vierzig Urlauber oder Gäste beherbergen konnten. Auch Erntehelfer brachten wir hier unter. Mit dem Lehrausbildungsbetrieb Paulshöhe in Schwerin hatten wir einen Vertrag, sodass wir im Sommer von dort regelmäßig Unterstützung erhielten.

Erntehilfe leisteten auch unsere sowjetischen Freunde. Seit Ende der sechziger Jahre pflegte ich privaten Kontakt zu einem sowjetischen Offizier aus der Kaserne in Hagenow. Diese freundschaftliche Verbindung nutzte ich später, um eine Patenschaft zwischen unserer LPG Pflanzenproduktion und der Kaserne aufzubauen. Regelmäßig besuchten sich Delegationen beider Seiten. Und wenn wir Hilfe auf den Feldern brauchten, vor allem bei der Strohernte oder beim Steinesammeln, sprangen oft sowjetische Soldaten ein.

Im Schweriner »Haus der Freundschaft«, wo ich selbst öfter an Schulungen teilnahm, hielt ich auch Fachvorträge, zum Beispiel über den Einfluss bestimmter chemischer Stoffe auf das Pflanzenwachstum. Die Erfahrungen und neuen Erkenntnisse, die ich von solchen Veranstaltungen mitnahm, gab ich an unseren Verantwortlichen für Agrochemie in der LPG weiter. Als Mitglied der Demokratischen Bauernpartei Deutschlands – eine der vier sogenannten Blockparteien in der DDR –

wurde ich auch in der DBD-Bildungsstätte im brandenburgischen Borkheide zu agrarökonomischen Fragen geschult. Mit der Zeit gewann ich viel Routine im Umgang mit solchen Vorträgen oder Diskussionen. Ich stand »voll im Stoff« – ja, es machte mir sogar Spaß, mich in solche Themen zu vertiefen.

Nach der Wende sprachen mich die Hagenower Christdemokraten an: Ob ich nicht von der DBD in die CDU wechseln wolle. Doch meine Antwort war klar: Nein. Die Mitgliedschaft in der Bauernpartei war meine erste – und die letzte. Also trat ich aus der DBD aus. Wer dies nicht tat, wurde 1990 automatisch Mitglied der CDU.

Drei Buchstaben verschwinden – LPG

In den späten achtziger Jahren wollte ich in Rostock promovieren. Auch ein Thema hatte ich schon: »Kann man unter kapitalistischen Bedingungen einen landwirtschaftlichen Betrieb in der Größenordnung von 5000 Hektar aufbauen?« Professor Dr. Seebkow erklärte sich bereit, diese Arbeit zu betreuen. Als er plötzlich verstarb, hatte sich meine Promotion zunächst erledigt.

Bevor ich mir ein anderes Thema oder einen neuen Doktorvater suchen konnte, brach mit der Wende 1989 eine neue Zeit an …

Meine Schwester Wilhelmine war bei den Demonstrationen in Wittenburg, Hagenow und Schwerin dabei. Ich dagegen war der Meinung: »Das mache ich nicht mit – nicht mit Demonstrationen. Was wir haben, wissen wir. Was wir bekommen, wissen wir nicht.«

Gleich in der Nacht des Mauerfalls ging Wilhelmine in den Westen. Ich blieb, wie ich schon einmal geblieben war.

Bald holte mich das Thema meiner verhinderten Promotionsarbeit ein: Funktionierte ein Agrarbetrieb von der Größenordnung unserer LPG auch im Kapitalismus? Uns liefen die Arbeitskräfte weg. Die Genossenschaft geriet in Schwierigkeiten. Das konnte und wollte ich nicht hinnehmen. Musste die Landwirtschaft nicht immer Lebensmittel produzieren? Egal, unter welchen Verhältnissen?

Die Ereignisse überschlugen sich: Runde Tische, neue Parteien, Volkskammer-Wahl im Frühjahr 1990 – schon folgten Währungsunion und deutsche Einheit. Die Privatisierungswelle war ins Rollen gekommen.

Auch etwa siebenhundert Hektar Land unserer LPG unterstanden der Treuhand, die den Auftrag hatte, das volkseigene Vermögen zu privatisieren. Es handelte sich um Flächen des VEG Wittenburg, die in den frühen DDR-Jahren in Staatseigentum überführt worden waren.

»Vielleicht können wir dieses Land für die Genossenschaft kaufen«, sagte ich zu unserem Vorsitzenden Dietrich Popp. »Lass uns nach Berlin fahren!«

Wir organisierten uns einen Termin bei der Treuhand-Zentrale in der Hans-Beimler-Straße, der heutigen Otto-Braun-Straße, am Alexanderplatz. Gemeinsam mit Dietrich Popp sowie unserem Hauptbuchhalter Lothar Otto wartete ich auf dem Flur. Links neben mir auf der Bank saß ein Herr.

»Möchten Sie auch in Zimmer 12?«, erkundigte ich mich.

»Ja.«

»Darf ich fragen, in welcher Angelegenheit?«

»Um Land zu kaufen oder zu pachten.«

»Aus demselben Grund sind wir auch hier. Und woher kommen Sie, wenn ich fragen darf?«

»Aus der Nähe von Lübeck.«

Mir ging fast das Messer in der Tasche auf ...

Mein Banknachbar wurde hereingerufen. Als er wenig später wieder auf den Flur trat, wollte ich wissen: »Na, wie steh'n die Chancen?«

»Das wird was!«, verkündete er freudig.

Doch als wir an der Reihe waren und unser Anliegen vortrugen, ernteten wir ein »Nein«. Eine Privatperson hätte vielleicht den Zuschlag erhalten – für die LPG die Wittenburger Flächen zu erwerben, wurde nicht genehmigt.

Noch einmal versuchten wir unser Glück, als sich über den Bauernverband Bremervörde die Gelegenheit ergab, den Bundestag zu besuchen. Der CDU-Abgeordnete Horst Eylmann hatte seine Wähler in den »Langen Eugen« eingeladen, das Abgeordnetenhochhaus in Bonn. Eine kleine Delegation unserer LPG durfte mit auf die Reise gehen. Sogar der Bonner Oberbürgermeister empfing uns und fragte: »Was haben denn die Mecklenburger auf dem Herzen?« Doch letztlich war die Einladung nicht mehr als ein Freundschaftsakt, in unserer Angelegenheit kamen wir nicht weiter.

Im Frühjahr 1991 beriefen wir eine Vollversammlung ein und informierten alle Mitglieder und Arbeiter über die Situation. In ihrer bisherigen Form konnte die LPG ohnehin nicht weiter existieren. Nach einem Gesetz, das noch die letzte DDR-Volkskammer beschlossen hatte, sollten auch die Landwirtschaftlichen Produktionsgenossenschaften umstrukturiert werden. Alle Möglichkeiten standen offen: die Umwandlung in eine eingetragene Genossenschaft nach bundesdeutschem Recht, aber auch das Recht für jeden Einzelnen, seine Mitgliedschaft zu kündigen, die einst eingebrachten Flächen zurückzuerhalten und künftig wieder selbst zu bewirtschaften.

Die Mehrheit der Anwesenden stimmte für die Auflösung der LPG. Wir stellten allen Mitgliedern frei, sich ab dem 1. April um eine andere Arbeit zu bewerben. Jeder hatte das Recht, sein Land ab 1992 wieder privat zu nutzen, zu verpachten oder zu verkaufen.

Sollten wir auf die Schnelle mit sämtlichen Landbesitzern

Pachtgespräche führen, ihnen vielleicht sogar das Land abkaufen, um wenigstens einen Teil der Flächen zusammenzuhalten? Dafür fehlten uns Leitungsmitgliedern die Kraft und die Nerven. Keiner kannte sich mit den bundesdeutschen Gesetzen aus. Die meisten aus der Leitung waren Mitte fünfzig oder älter. In diesem Alter noch einen hohen Kredit aufnehmen, sich lebenslang verschulden? So viel Mut brachte keiner auf, angesichts der völlig unklaren Entwicklung, die uns erwartete. »Jetzt können wir das Licht ausmachen«, sagte ich zu Dietrich Popp. Wir würden zum letzten Mal eine Ernte von den Feldern der Genossenschaft einbringen – das war's!

Um alles ordnungsgemäß abzuwickeln, benötigten wir einen Liquidator. Aus Ostdeutschland wurde uns keiner genehmigt. Deshalb wandten wir uns nach einem Beschluss der Mitglieder-Vollversammlung an den Landwirtschaftlichen Buchführungsverband Schleswig-Holstein, eine Unternehmens- und Steuerberatung für Landwirte. Unser Liquidator wurde Herr Tim Kühl. Mehrmals fuhr ich zu ihm nach Kiel. Dann kam er zu uns nach Lehsen.
Sämtliche Güter, die wir besaßen, wurden begutachtet – vom Traktor über Mähdrescher und Gebäude bis zum kleinen Hammer. Die Bewertung des Inventars erfolgte nach vorgegebenen Tabellen. Leider war der Zeitwert vieler Gebäude und Gegenstände nicht sehr hoch, der Verkauf brachte keine großen Summen ein. Manche Gerätschaften wurden uns auch über Nacht geklaut.
Wir schrieben die Kündigungen und bezahlten mit den eingenommenen Geldern offene Rechnungen. Den verbleibenden Erlös verteilten wir an die Mitglieder, die Land und Inventarbeiträge in die Genossenschaft eingebracht hatten.
Einige wenige Mitglieder nahmen ihr Land zur eigenen Nutzung zurück. Andere verpachteten an den Meistbietenden oder verkauften, um Erbschaftsanteile auszubezahlen.

Auch ich musste mir überlegen, wie es weitergehen sollte. Unsere Bauernstelle, die seit dem Tode meines Vaters auf den Namen meiner Mutter lief, hatten wir im Frühjahr 1990 im Beisein meiner Schwestern notariell auf mich überschreiben lassen. Ich verpachtete 18,7 Hektar – einen Großteil der Fläche, die meine Familie einst in die Genossenschaft eingebracht hatte – an Wilfried Tögel aus Basedow bei Lauenburg in Schleswig-Holstein. Er hatte schon bei einigen Nachbarn gepachtet und machte das höchste Angebot. Selber die Felder zu bewirtschaften kam für mich nicht infrage. Es lohnt sich nicht, mit solch einer kleinen Fläche zu arbeiten. Bis heute bin ich Eigentümer von Grund und Boden, aber kein Produzent mehr.

Andere aus unserer LPG, vor allem jüngere Leute, taten sich zusammen. Auch Heiko Thomes, der Sohn meines Cousins Wilhelm Thomes, nutzte die Gelegenheit des Umbruchs. Nachdem er 1991 sein Landwirtschaftsstudium an der Rostocker Universität abgeschlossen hatte, pachtete er rund tausend Hektar Ackerland, verteilt über die Dörfer Zühr, Körchow, Helm und Klein Wohlde. Sein Betrieb wirtschaftete erfolgreich – heute beschäftigt er etwa fünf Mitarbeiter in der Saison.

Über die Wende hinweg behielten wir zwei Milchkühe. Das gehört einfach zu einem Hof dazu, dachte ich. Ich brachte die Milch selbst nach Körchow zur Milchviehanlage. Doch das ging nicht lange gut. Schon bald beanstandete man die Qualität: Es seien zu viele Keime in der Milch. Ich glaube eher, dass die Menge zu gering war, um sie abzunehmen.

Anderen Landwirten erging es ähnlich. Bei Familie Olges, die einst mit uns aus dem Emsland nach Mecklenburg gekommen war, standen sieben Kühe im Stall. Wilhelm Olges wollte nicht so schnell aufgeben. Er investierte viel Geld in eine Milchkühlanlage und schaffte sogar einen größeren Kühlbehälter an, in dem die Milch gelagert wurde, bis der Tankwagen zum Abholen kam. Es dauerte kaum ein Jahr und auch seine Milch wurde nicht mehr abgenommen. Der Aufwand war im Verhältnis zu der Menge, die er liefern konnte, zu groß.

Unter diesen Bedingungen hatte die Milchviehhaltung keinen Sinn mehr – ich verkaufte meine Kühe zum Schlachten. Heute laufen auf der Wiese vor dem Haus nur noch ein paar Schafe, die das Gras kurz halten.

Auf der Zuschauertribüne

Nach der Liquidierung unserer LPG stand ich vor der Frage: Wie weiter? Ich war erst Mitte fünfzig. Im Kreis Hagenow gab es kaum noch Arbeit, also musste ich nach Westdeutschland. Von ehemaligen LPG-Kollegen hörte ich, dass die Schokoladenfabrik Pea in Norderstedt mit rund tausend Mitarbeitern Arbeitskräfte suchte. Ein Sammelbus holte die Leute in Wittenburg ab und brachte sie an den etwa neunzig Kilometer entfernten Arbeitsort im Süden von Schleswig-Holstein. Dies schien mir eine günstige Gelegenheit, nach über vierzig Jahren in der Landwirtschaft einen Neuanfang zu wagen, auch wenn mir nun jeden Tag knapp zwei Stunden Fahrtweg bevorstanden.

Die preiswerte Pea-Schokolade war mir ein Begriff – ich kannte sie aus den Westpaketen, die unsere Verwandten aus dem Emsland geschickt hatten. Inzwischen gehörte das Unternehmen mit der holländischen Schokoladen-Firma Van Houten zusammen und schrieb gute Zahlen.

Ich bekam eine Anstellung als Maschinist. Im Schichtbetrieb betreute ich zwei jeweils siebzig Meter lange, computergestützte Maschinen. Schon in unserer LPG hatte ich mit Computern zu tun – das war also nicht neu für mich. Und die Arbeit machte mir Spaß.

Außerdem zog man mich zu Rate, wenn in der Fabrik Fragen im Umgang mit den ausländischen Beschäftigten auftraten.

Hier vermittelte ich gerne, konnte ich doch auf meine Erfahrungen aus DDR-Zeiten zurückgreifen, als ich Patenschaften zur sowjetischen Kaserne in Hagenow und zu zwei polnischen Betrieben aufgebaut hatte.

Eines Tages rief mich der Produktionsleiter in sein Büro. Ich fragte mich, was ich wohl falsch gemacht hatte. Ja, ich fürchtete sogar, die Kündigung zu bekommen.

»Herr Müller, Sie haben ja gehört, was dem Herrn Zeiltz passiert ist …«, eröffnete der Produktionschef das Gespräch.

Ich wusste, dass der Abteilungsleiter kurz zuvor mit einer Hand in die Maschine geraten war und zwei Finger verloren hatte. Er musste mit dem Rettungshubschrauber ins Krankenhaus geflogen werden.

»Würden Sie sich zutrauen, seine Position zu übernehmen? Sie können auch die Nachmittagsschicht beibehalten.«

Was für ein Angebot! Natürlich wollte ich es versuchen. »Aber ich brauche Ihre Hilfe«, erklärte ich, »das ist völliges Neuland für mich.«

Der Chef sagte mir seine Unterstützung zu – und schon war ich Abteilungsleiter. Alles schien einen guten Weg zu nehmen. Dann hieß es überraschend: »Die Produktion wird mit fünf Hallen nach Moskau verlegt!«

Mir wurde angeboten mitzugehen. Doch das musste ich mir genau überlegen. Inzwischen war ich 57 Jahre alt und hatte meine bettlägerige Mutter zu Hause. Ich wollte es meiner Frau nicht zumuten, sie allein zu pflegen. Also lehnte ich das Moskau-Angebot ab.

In Norderstedt hatte das Unternehmen keine Verwendung mehr für mich, ich wurde entlassen. Nach einem dreimonatigen Intermezzo bei der Transportfirma Schürmann & Bartels ging ich in den Vorruhestand. So brauchte ich mich nicht in die lange Warteschlange beim Arbeitsamt einzureihen.

Von diesem Tage an genoss ich das Rentnerdasein: Ich setzte

mich auf die Zuschauertribüne und verfolge das Geschehen seitdem von oben. Jetzt habe ich auch viel Zeit, auf mein Leben zurückzublicken. Und wenn ich es Revue passieren lasse, kann ich sagen: Ich bin zufrieden.

Hans Müller, 2015